Kohlhammer
DEUTSCHER
GEMEINDEVERLAG

Kommunale Schriften für Hessen

Baulasten

nach der Hessischen Bauordnung

von

Frank Maaß
Mag. rer. publ., Rechtsanwalt, Fachanwalt für Verwaltungsrecht
Henkel Rechtsanwälte, Mannheim

Prof. Karl-Reinhard Seehausen
Dipl.-Ing., Architekt, Ltd. Baudirektor a. D.

Deutscher Gemeindeverlag

1. Auflage 2023

Gesamtherstellung: W. Kohlhammer GmbH, Stuttgart

Print:
ISBN 978-3-555-02289-5

E-Book-Formate:
pdf: ISBN 978-3-555-02290-1
epub: ISBN 978-3-555-02291-8

Inhaltsverzeichnis

Vorbemerkung

Die vorliegende Veröffentlichung soll als Arbeitshilfe für die Praxis dienen. In der Baupraxis befassen sich vornehmlich Bauaufsichtsbehörden, Architekten, Vermessungsingenieure, Rechtsanwälte und Bauherren mit Baulasten. Da es aktuell keine amtlichen Musterformulierungen für Baulasten gibt und der aktuelle Bauvorlagenerlass kein Formular für eine Baulastenübernahmeerklärung enthält, sollen mit der vorliegenden Veröffentlichung Vorschläge für Formulierungen sowie Hinweise auf einzelne Problemstellungen geliefert werden. Dies wird mit typisierten Zeichnungen typischer Baulasten ergänzt.
Aufgrund der Zielsetzung dieser Veröffentlichung als Arbeitshilfe für die Baupraxis soll die Darstellung nicht mit wissenschaftlichen Ausführungen überfrachtet werden, um die Übersichtlichkeit zu wahren. Für vertiefende Fragestellungen wird ein Auszug aus einer HBO-Kommentierung im Anhang abgedruckt. Hierbei handelt es sich um einen Vorabdruck einer Aktualisierung der Kommentierung zu § 85 HBO, (früher § 75 HBO), die zuletzt 2012 als *Allgeier/Rickenberg*, Die Bauordnung für Hessen, in der 9. Auflage im Kohlhammer Deutscher GemeindeVerlag erschienen ist. Die Aktualisierung erfolgte durch Frank Maaß.
Die vorliegende Veröffentlichung wurde durch Karl-Reinhard Seehausen begründet und erschien 1995 in der 1. Auflage und 2003 in der 2. Auflage in der Informationsreihe der Architekten- und Stadtplanerkammer Hessen. Karl-Reinhard Seehausen hat als Leitender Baudirektor 35 Jahre Kreisbauämter geleitet und in enger Zusammenarbeit mit der Obersten Bauaufsicht die seinerzeit neuen Baulastregelungen in auch für Architekten und Ingenieure praktikable Verfahren umgesetzt. Als Abteilungsleiter beim Oberprüfungsamt für den höheren bautechnischen Dienst und Professor an der Universität Kassel gehörte es zu seinen Aufgaben, Baureferendare und Ingenieurstudenten die Grundsätze des öffentlichen Baurechts zu vermitteln. Frank Maaß hat als Fachanwalt für Verwaltungsrecht[1] mehr als 20 Jahre Erfahrung aus der Beratung von Bauherren und Bauaufsichtsbehörden bei der Abfassung und Durchsetzung von Baulasten.

Mannheim, Kassel im Mai 2023 Frank Maaß und Karl-Reinhard Seehausen

1 www.maass.eu

1. Inhalte der Baulasten

1.1 Begriff der Baulasten

1 Nach § 85 HBO[1] können die Eigentumsberechtigten durch Erklärung gegenüber der Bauaufsichtsbehörde öffentlich-rechtliche Verpflichtungen zu einem ihre Grundstücke betreffenden Tun, Dulden oder Unterlassen übernehmen, die sich nicht schon aus öffentlich-rechtlichen Vorschriften ergeben (Baulasten). Baulasten werden mit der Eintragung in das Baulastenverzeichnis wirksam. Die Baulasten ruhen als öffentliche Lasten auf dem Grundstück. Die Übernahme einer Baulast gilt als öffentlich-rechtliche Sicherung nach § 2 Abs. 15 HBO.

1.2 Rechtsnachfolge

2 Diese öffentlich-rechtliche Verpflichtung bleibt gegenüber allen Rechtsnachfolgern bestehen. Sie ist auch gegenüber Personen der Rechtsnachfolge – Einzelrechtsnachfolge, Gesamtrechtsnachfolge, und Erwerb durch Zwangsversteigerung – wirksam.

1.3 Beschränkung auf öffentliches Recht

3 Baulasten sind auf das öffentliche Recht beschränkt. Sie können auch andere als baurechtliche Regelungen betreffen, wenn die öffentlich-rechtliche Regelung der Errichtung einer baulichen Anlage dient. Somit können z. B. planungsrechtliche Bindungen, immissionsschutzrechtliche Duldungen oder naturschutzrechtliche Ausgleichsmaßnahmen Gegenstand von Baulasten sein.
Als Baulast können auch von Amts wegen Befristungen, Bedingungen und Widerrufsvorbehalte von rechtsbeständigen Bescheiden wie Baugenehmigungen, Verfügungen und Vergleichen eingetragen werden. Auch etwa die Rückbauverpflichtung nach § 35 Abs. 5 S. 3 BauGB ist nach der ausdrücklichen Regelung durch Baulast sicherbar.

1.4 Landesrecht; Grundstücksbegriff; Flächenbaulast

4 Baulasten lasten auf Grundstücken, wobei grundsätzlich vom zivilrechtlichen Grundstücksbegriff ausgegangen wird. Bei einem Grundstück handelt es sich um einen abgegrenzten Teil der Erdoberfläche, der im Bestandsverzeichnis des Grundbuchs unter einer besonderen laufenden Nummer eingetragen ist. Wenn unter einer laufenden Nummer zwei Flurstücke eingetragen sind, bilden diese gemeinsam ein Grundstück im Rechtssinn. Dies kann man so zusammenfassen: Mehrere Flurstücke können ein Grundstück bilden, mehrere Grundstücke können ein Baugrundstück sein. Besteht ein Baugrundstück aus mehreren Grund-

---

1 Hessische Bauordnung (HBO) vom 28. Mai 2018, zuletzt geändert durch Artikel 2 des Gesetzes vom 22. November 2022 (GVBl. S. 571)

stücken, muss eine (Vereinigungs-)Baulastauf jedem Grundstück eingetragen werden (vgl. § 4 Abs. 2 S. 1 HBO).
Die Baulasten sind in der HBO geregelt und daher Teil des Landesrechts. Daraus folgt nach der Rechtsprechung des BVerwG, dass landesrechtliche Baulasten nicht den bundesrechtlichen Grundstücksbegriff ändern können[2]. Das bedeutet, dass die Übernahme einer sogenannten Flächenbaulast, mit denen die planungsrechtliche Ausnutzbarkeit eines Grundstücks auf ein anderes Grundstück übertragen wurde, allein nicht zur planungsrechtlichen Zulässigkeit des begünstigten Vorhabens führt. Allerdings können mit einer Baulast Befreiungsvoraussetzungen geschaffen werden[3].

1.5 Keine behördliche Anordnung von Baulasten

5 Die Übernahme von Baulasten kann von der Bauaufsicht nicht einseitig angeordnet werden. Sie sind nur eine Möglichkeit für die Bauherrschaft, öffentlich-rechtliche Bedenken auszuräumen und dadurch ein sonst nicht genehmigungsfähiges Vorhaben zulässig zu machen. Die Bauaufsicht kann somit keine Baulasten fordern, aber darauf hinweisen und im Rahmen ihrer Beratungstätigkeit entsprechende Vorschläge machen. Die Behörde könnte auch Baugenehmigungen unter einer Nebenbestimmung hinsichtlich einer Baulastübernahme erteilen[4]. Es bleibt in jedem Fall bei der Verantwortung des Bauherrn und seiner Planer, einen vollständigen und genehmigungsfähigen Bauantrag zu erstellen.

1.6 Inhalte der Baulasten

6 Baulasten können nur solche Regelungen zum Inhalt haben, die sich nicht schon aus anderen öffentlich-rechtlichen Vorschriften ergeben. So ist es z. B. unzulässig, Festsetzungen eines rechtskräftigen Bebauungsplanes als Baulast einzutragen.
In der HBO sind öffentlich-rechtliche Sicherungen, also somit Baulasten, in folgenden Vorschriften angesprochen:
- § 4 Abs. 1 HBO – Zufahrtsbaulast
- § 4 Abs. 2 HBO – Vereinigungsbaulast
- § 5 Abs. 1 S. 5 HBO – Zufahrtsbaulast für Feuerwehr und andere Rettungsfahrzeuge
- § 6 Abs. 1 S. 2 Nr. 2 HBO – Anbaubaulast
- § 6 Abs. 2 S. 2 Nr. 2 HBO – Abstandsflächenbaulast
- § 8 Abs. 2 S. 2 Nr. 1 HBO – Spielplatzbaulast
- § 12 Abs. 2 HBO – Baulast zur Erhaltung gemeinsamer Bauteile
- § 33 Abs. 2 Nr. 1 HBO – Abstandsbaulast bei Brandwänden

---

2 BVerwG, Urteil vom 14. Februar 1991 – 4 C 51/87 –

3 BVerwG, Urteil vom 14. Februar 1991 – 4 C 51/87 –; VGH Baden-Württemberg, Urteil vom 31. Oktober 2002 – 8 S 1560/02 –, juris, Rn. 29

4 VG Wiesbaden, Urteil vom 24.7.2020 – 4 K 2962/16.WI – juris, Rn. 187

- § 52 Abs. 1 HBO i.V.m. den Stellplatzsatzungen der Gemeinden[5] – Stellplatzbaulast

Nach § 11 Abs. 7 HAltBodSchG kann die Aufrechterhaltung von Sicherungs-, Schutz- und Beschränkungsmaßnahmen nach § 2 Abs. 7 und 8 BBodSchG Gegenstand einer Baulast sein.

1.7 Vorhabenbezogen oder grundstücksbezogen?

Eine Baulast ist immer in dem Sinne grundstücksbezogen, dass sich die Verpflichtung auf ein Grundstück beziehen muss. Im Übrigen ist es eine Frage der Auslegung der Baulast, ob sich diese lediglich auf ein konkretes Vorhaben bezieht („vorhabenbezogen") oder ob diese auch einem neuen Vorhaben auf dem begünstigten Grundstück dienen soll (diese Variante wird ebenfalls als „grundstücksbezogen" bezeichnet)[6]. Diese Auslegung erfolgt letztlich durch Verwaltungsgerichte, oftmals Jahre nach der Übernahme der Baulast. Daher ist entsprechende Sorgfalt bei der Formulierung der Übernahmeerklärung zu empfehlen, um spätere Überraschungen zu vermeiden. Da eine Baulast immer mit Nutzungseinschränkungen auf dem belasteten Grundstück verbunden ist, kann es entsprechend weitreichende Rechtsfolgen haben, wenn die Auslegung ergeben sollte, dass die Baulast nicht nur einem konkreten Vorhaben, sondern auch geänderten oder sogar völlig neuen Vorhaben dienen sollte. 7

1.8 Verpflichtungen aus anderen Rechtsvorschriften

Andere baurechtliche Verpflichtungen können sich aus öffentlich-rechtlichen Vorschriften ergeben, aber auch aus Auflagen baurechtlichen Inhalts. Sie sind nur einzutragen, soweit ein öffentliches Interesse an der Eintragung besteht. Die für die Verpflichtung zuständigen Behörden müssen selbstverständlich mit der Sicherung ihrer Forderungen als Baulast einverstanden sein und über die Eintragung unterrichtet werden. 8

1.9 Festsetzungen von Bebauungsplänen/Denkmalbuch

Kein öffentliches Interesse an der Eintragung von Verpflichtungen aus öffentlich-rechtlichen Vorschriften ist anzunehmen, wenn Inhalt und Umfang der Verpflichtung eindeutig der öffentlich rechtlichen Vorschrift selbst, z. B. bei Festsetzungen eines Bebauungsplanes, bei Veränderungssperren nach den §§ 14 ff. BauGB, in Verbindung mit amtlichen, auf der öffentlichrechtlichen Vorschrift beruhenden Verzeichnissen wie z. B. dem Denkmalverzeichnis nach § 10 des Hessischen Denkmalschutzgesetzes (HDSchG), oder nachrichtlich in den Bebauungsplan übernommenen Eintragungen (§ 9 Abs. 6 BauGB) entnommen werden 9

5 Vgl. etwa § 5 Abs. 2 der Stellplatzsatzung der Stadt Frankfurt am Main vom 17.11.2016

6 OVG Münster, Beschluss vom 7. Dezember 2009 – 7 A 3150/08 –, juris: „Durch Auslegung des in das Baulastenbucheingetragenen Textes ist insbesondere zu ermitteln, ob die Baulast grundstücksbezogen oder vorhabenbezogen in dem Sinne erteilt worden ist, dass sie nur ein konkretes Vorhaben absichern soll."

können. Auch wenn die Verpflichtungen keine baulichen Wirkungen haben, ist eine Eintragung als Baulast unzulässig.

1.10 Einmalige Forderungen

10 An der Eintragung von Verpflichtungen aus Auflagen, die sich nur auf ein einmaliges Tun, Dulden oder Unterlassen beziehen, besteht ebenfalls in der Regel kein öffentliches Interesse.

1.11 Auflagen und Bedingungen aus anderem öffentlichen Recht

11 Auflagen, Bedingungen, Befristungen und Widerrufsvorbehalte müssen nicht von den Bauaufsichtsbehörden ausgesprochen und nicht auf Bauordnungsrecht oder Städtebaurecht gegründet sein; maßgeblich ist allein ihr baurechtlich bedeutsamer Einfluss auf das betroffene Grundstück. Sie dürfen nur eingetragen werden, wenn sie unanfechtbar geworden sind.

1.12 Begünstigte Flurstücke

12 Es liegt in der Natur der Sache, dass in vielen Fällen einer Baulast auf dem belasteten Grundstück eine „Baugunst" auf dem begünstigten Grundstück entspricht. Die Begünstigungen ergeben sich jedoch aus der Baulast und sollten auf dem begünstigten Grundstück nachrichtlich vermerkt werden.

1.13 Verhältnis zum Privatrecht

13 Im Grundbuch werden nur privatrechtliche, im Baulastenverzeichnis nur öffentlich-rechtliche Regelungen aufgenommen. Baulasten ersetzen nicht privatrechtliche Vereinbarungen und Verträge. Selbst Hypothekengeber, die in Abt. III des Grundbuches eingetragen sind, werden im Eintragungsverfahren von der Bauaufsicht nicht unterrichtet. Für die Übereinstimmung der Baulast mit privatrechtlichen Vereinbarungen haftet allein der Grundstückseigentümer. Die Bauaufsicht haftet nicht für Schäden, die durch privatrechtliche Unstimmigkeiten entstehen.

Allerdings kann sich nach der Rechtsprechung des BGH[7] aus dem gesetzlichen Begleitschuldverhältnis einer Grunddienstbarkeit ein Anspruch auf Übernahme einer inhaltsgleichen Baulast ergeben. Hierbei kommt es immer auf die Verhältnisse des Einzelfalls an. In jedem Fall setzt dieser Anspruch voraus, dass die Grunddienstbarkeit (etwa ein Wegerecht eines Hinterliegergrundstücks) den Zweck hat, die Bebauung des begünstigten Grundstücks zu ermöglichen.

---

7 BGH, Urteil vom 3. Juli 1992 – V ZR 218/91 –, juris

1.14 Vollzug der Baulasterklärung

Eine Baulast räumt keine selbst durchsetzbare privatrechtliche Position gegenüber dem Baulastverpflichteten ein. Insbesondere gewährt die Baulast weder den Eigentümern des begünstigten Grundstücks einen privatrechtlichen Nutzungsanspruch gegenüber dem Baulastverpflichteten noch verpflichtet sie diese, die in der Baulast angesprochene Nutzung privatrechtlich zu dulden. Wollen die Eigentümer des begünstigten Grundstücks selbst eine Rechtsposition zu Lasten des belasteten Grundstücks erreichen, so können sie dies nur erlangen, wenn ihnen entsprechende zivilrechtliche Rechtspositionen durch die Eigentümer des belasteten Grundstücks zusätzlich eingeräumt und ggf. dinglich gesichert werden. Insofern kann die Baulast nur durch Verfügung der Bauaufsichtsbehörde durchgesetzt werden. 14

1.15 Regelungen zur Unterhaltung und Nutzung der Baulastflächen

Deshalb müssen viele und sollten die meisten Baulasten durch privatrechtliche (Nachbarschafts-)Vereinbarungen ergänzt werden, die zweckmäßigerweise im Grundbuch (etwa durch Grunddienstbarkeiten) zu sichern sind, um die Unterhaltung, Herstellung, Nutzung und Pflege der Baulastflächen sicherzustellen. 15

1.16 Finanzieller Ausgleich

Welche zusätzlichen privatrechtlichen Vereinbarungen meist finanzieller Art zwischen den Nachbarn zur Unterschrift unter der Baulasterklärung geführt haben, ist für die Bauaufsicht ohne Interesse. In einer Nachbarschaftsvereinbarung (s. o.) können auch etwaige Gegenleistungen für die Übernahme der Baulast geregelt werden. 16

1.17 Ergänzung durch Grundbuch

Durch die Eintragung einer Baulast werden somit privatrechtliche Auseinandersetzungen nicht verhindert. Baulast und Grundbuch können sich aber sinnvoll ergänzen. 17

1.18 Abteilungen I und II des Grundbuches

Grundbucheintragungen in Abt. 1 zu den Eigentumsverhältnissen und in Abt. II zu den dinglichen Rechten müssen von der Bauaufsicht beim Eintragungsverfahren einer Baulast beachtet werden. Die Baulasterklärungen dürfen diesen Eintragungen nicht widersprechen. Die Eigentumsverhältnisse sind deshalb bei der Abgabe der Verpflichtungserklärung nachzuweisen. Ggf. sind Miteigentümer und Erbbaurechtsgeber oder -nehmer zu beteiligen. 18

2. Eintragungsverfahren

2.1 Antrag

19 Eine Baulast entsteht durch Verpflichtungserklärung gegenüber der Bauaufsichtsbehörde in schriftlicher Form. Im Bauvorlagenerlass ist ein Antragsformular für Baulasten nicht enthalten. Wir schlagen das in der Anlage beigefügte Muster vor, in dem alle notwendigen Angaben enthalten sind. Die jeweilige Bauaufsichtsbehörde entscheidet über die erforderlichen Antragsunterlagen. Daher sollte die Verwendung des beigefügten Musters mit der Bauaufsichtsbehörde abgestimmt werden.

2.2 Miteigentümer und Berechtigte

20 Die Baulast wird durch Erklärung der Eigentumsberechtigten gegenüber der unteren Bauaufsichtsbehörde (Verpflichtungserklärung) begründet. Bei Miteigentum an dem Grundstück ist die Erklärung von allen Miteigentumsberechtigten abzugeben. Ruht auf dem Grundstück ein Erbbaurecht, ist auch eine Verpflichtungserklärung der Erbbauberechtigten erforderlich. Werden Grunddienstbarkeiten (§§ 1018 ff. BGB) oder beschränkte persönliche Dienstbarkeiten (§§ 1090 ff. BGB) durch die Baulast beeinträchtigt, ist in der Verpflichtungserklärung hierauf hinzuweisen und es sind schriftliche Einverständniserklärungen der Berechtigten beizufügen. Ebenso ist bei Eintragung einer Auflassungsvormerkung (§ 883 BGB) zu verfahren.

2.3 Verbindung mit Bauanträgen

21 Baulasterklärungen sind formal unabhängig von anderen Genehmigungsverfahren zur Prüfung vorzulegen. Sie werden in gesonderten Verfahren geprüft. Die Verbindung mit Bauanträgen oder anderen öffentlich-rechtlichen Genehmigungsverfahren ist nicht möglich. Es sind gesonderte Anträge auf eigenen Vordrucken einzureichen. Die Aktenzeichen der Baulasterklärungen unterscheiden sich von den Aktenzeichen der sonstigen Baugenehmigungsverfahren. Die Verfahrensvorschriften für Bauanträge gelten für Baulasteintragungen nicht.
Wirksam eingetragene Baulasten können jedoch eine Voraussetzung für die Annahme eines Bauantrages, die Errichtung eines baugenehmigungsfreien Vorhabens oder die Zulässigkeit der Teilung eines Grundstücks sein. Insofern werden Baulasten häufig in zeitlichem Zusammenhang mit entsprechenden Genehmigungen übernommen.

2.4 Ausfertigung der Baulasterklärung

22 Baulasterklärungen dürfen von jedem vorbereitet und zur Eintragung vorgelegt werden; Regelungen ähnlich der Bauvorlageberechtigung für Baugenehmigungsverfahren bestehen nicht. Es empfiehlt sich jedoch, die Erklärung mit der zuständigen Bauaufsichtsbehörde vor Abgabe abzustimmen.

2.5 Grundbuchauszüge

Das Eigentum, das Erbbaurecht und dingliche Rechte müssen bei Entgegennahme der Verpflichtungserklärung durch die Bauaufsichtsbehörde durch Auszüge aus dem Grundbuch nachgewiesen sein. In der Regel kann davon ausgegangen werden, dass Auszüge, die bei Entgegennahme der Verpflichtungserklärung nicht älter als ein Monat sind, einen ausreichenden Nachweis darstellen. Ist bekannt, dass während dieser Zeit ein Vorgang des Bodenverkehrs stattgefunden hat, so ist ein Grundbuchauszug zu verlangen, der die neuen Rechtsverhältnisse wiedergibt. Ist die Veränderung im Grundbuch noch nicht vollzogen, reichen die entsprechenden notariellen Verträge und Erklärungen (Auflassungen, Erbschein u. ä.) in der Regel aus. **23**

2.6 Beglaubigung der Unterschriften

Die Unterschriften aller Eigentümer des belasteten Grundstücks müssen **24**
(a) vor der Bauaufsichtsbehörde geleistet oder
(b) vor ihr anerkannt werden.
(c) Andernfalls müssen sie öffentlich beglaubigt sein.

Nach § 85 Abs. 2 S. 2 HBO dürfen in Hessen Baulasterklärungen beglaubigen:

- Notare
- Behörde oder Person nach § 15 Abs. 2 HVGG (u. a. öffentlich bestellte Vermessungsingenieure und Vermessungsbehörden)

Ist ein Träger öffentlicher Verwaltung Verfahrensbeteiligter, ist eine Beglaubigung nicht erforderlich.

2.7 Bevollmächtigte

Wird eine Verpflichtungserklärung durch eine bevollmächtigte Person abgegeben, so ist eine öffentlich beglaubigte Vollmacht im Original vorzulegen. Die Vollmacht ist zu den Baulastakten zu nehmen. **25**

2.8 Anzahl der Kartenauszüge

Beizufügen ist zweckmäßigerweise in 6-facher Ausfertigung ein maßstabsgerechter Kartenauszug (Mst. 1:500 oder 1:1000) aus der Liegenschaftskarte mit Ortsvergleich. Die große Zahl der Mehrausfertigungen ist notwendig, weil Baulasten an zahlreiche andere Behörden und Betroffene versandet werden müssen. Dazu gehören Katasteramt, Gemeinde, Antragsteller, Begünstigter, Grundbuchamt und Bauaufsicht. Auch Art und Anzahl der Anlagen sind mit der Bauaufsichtsbehörde abzustimmen. **26**

2.9 Ortsvergleich auf Kartenauszug

Der Kartenauszug braucht nicht beglaubigt zu sein, muss jedoch alle bestehenden baulichen Anlagen, auch die nach Vermessungsrecht nicht einmessungs- **27** pflichtigen Anlagen wie Schuppen etc. enthalten. Durch den Ortsvergleich wird bestätigt, dass alle vorhandenen Gebäude in der Karte eingetragen und alle eingetragenen Gebäude vorhanden sind.

2.10 Umfang des Ortsvergleiches

28 Der Ortsvergleich muss sich auch auf die Nachbargrundstücke (zumindest auf bauliche Anlagen innerhalb der Abstandsflächen) des belasteten Flurstückes beziehen und ist auch notwendig, wenn das Grundstück unbebaut ist.

2.11 Durchführung des Ortsvergleiches

29 Der Ortsvergleich für den Auszug aus der Liegenschaftskarte ist vom Katasteramt oder einem öffentlich bestellten Vermessungsingenieur durchzuführen bzw. zu bestätigen. Ob eine Bestätigung des mit der Errichtung des Vorhabens beauftragten bauvorlageberechtigten Entwurfsverfassers anerkannt wird, bleibt dem Ermessen der zuständigen Bauaufsicht überlassen.

2.12 Lagepläne zum Bauantrag

30 Amtliche „Lagepläne zum Bauantrag“ sind nicht erforderlich.

2.13 Kopien von Kartenauszüge

31 Die Kartenauszüge können für diese Zwecke vom Antragsteller selbst kopiert werden.

2.14 Mehrere Baulasterklärungen auf einer Erklärung

32 Die Kombination verschiedener Baulasten in einer Erklärung ist möglich. Es muss jedoch für jedes betroffene Flurstück eine gesonderte Baulasterklärung abgegeben werden.

2.15 Bestimmtheit

33 Die öffentlich-rechtliche Verpflichtung ist eindeutig zu formulieren.

2.16 Darstellung der Baulastflächen

34 In die Auszüge aus der Liegenschaftskarte mit Ortsvergleich sind die Baulastflächen vermasst und maßstabsgerecht einzutragen. Sie sind zu schraffieren und mit einem „B“ im Kreis zu kennzeichnen. Die Eintragung dieser Flächen mit roter Farbe ist erwünscht.

2.17 Wirksamkeit der Baulast

Die Baulast wird nicht schon mit Entgegennahme der Erklärung durch die untere Bauaufsichtsbehörde wirksam, sondern erst mit der Eintragung in das Baulastenverzeichnis. Die Eintragung in das Baulastenverzeichnis ist konstitutiv (§ 85 Abs. 1 S. 2 HBO). 35

2.18 Einsichtnahme in das Baulastenverzeichnis

Einsicht in das Baulastenverzeichnis kann nehmen, wer ein berechtigtes Interesse darlegt. Wird eine schriftliche Einverständniserklärung aller Eigentümer vorgelegt, ist ein berechtigtes Interesse nachgewiesen. Das gleiche gilt für die Einsicht in die Baulastakten, soweit dies zur Feststellung des Inhalts und Umfangs der Baulast erforderlich ist. Ein berechtigtes Interesse kann unter anderem bei den dinglich Berechtigten am Grundstück sowie bei kaufinteressierten Personen und künftigen Hypotheken- und Grundschuldgläubigern angenommen werden; bei Notaren ist allgemein von einem berechtigten Interesse auszugehen. Soweit die Einsicht gestattet ist, können Abschriften oder Auszüge gefordert werden. 36

2.19 Prüfungsverfahren der Baulasterklärungen

Das Baulastenverzeichnis wird bei der für das Grundstück örtlich zuständigen unteren Bauaufsichtsbehörde nach den gleichen Grundsätzen wie das Grundbuch geführt. 37

2.20 Zurückweisung

Die untere Bauaufsichtsbehörde weist rechtlich unzulässige, unrichtige, unvollständige oder sonst mangelhafte Verpflichtungserklärungen gebührenpflichtig zurück; das gilt auch, wenn offensichtlich, z. B. nach den Eintragungen im Grundbuch, sonstige Rechte am Grundstück durch die Baulast verletzt werden, ohne dass eine Einverständniserklärung der Berechtigten vorliegt. 38
Bei behebbaren Mängeln soll die untere Bauaufsichtsbehörde Gelegenheit geben, die Erklärung richtig zu stellen oder zu ergänzen.

2.21 Zeitpunkt der Baulasterklärungen

Vor der rechtskräftigen Eintragung einer erforderlichen Baulast können Baugenehmigungen nicht erteilt werden. Das Eintragungsverfahren sollte deshalb vor Abgabe eines Bauantrages abgeschlossen sein. 39
Andererseits ist es sinnvoll, Baulasten erst dann einzutragen, wenn die Genehmigung des Vorhabens absehbar ist. Es ist Aufgabe des von der Bauherrschaft bzw. des von ihr beauftragten Entwurfsverfassers, diese Entscheidungswege zu koordinieren. Denkbar ist es auch, die Baugenehmigung mit Auflagen oder Bedingungen zu versehen, etwa mit der aufschiebenden Bedingung der wirksamen Baulastbestellung oder einer Auflage, bis zu einem bestimmten Zeitpunkt, etwa

Baufreigabe oder Nutzungsaufnahme, eine Baulast zu bestellen. Bei der Gestaltung kommt es auf die Einzelheiten des jeweiligen Falles an. Beispielsweise wird der Stellplatzbedarf einer baulichen Anlage erst mit der Nutzungsaufnahme ausgelöst. Insofern erscheint es denkbar, eine Baugenehmigung mit der Auflage zu versehen, eine Stellplatzbaulast bis zur Nutzungsaufnahme zu übernehmen. Bei der Erschließung nach § 4 HBO ist „ab Beginn ihrer Nutzung" als Zeitpunkt der notwendigen Sicherung ausdrücklich geregelt.

2.22 Baulasten bei Abweichungen und Befreiungen

40 Eine Baulast ersetzt nicht Befreiungen oder Abweichungen. Viele Bauaufsichtsbehörden verzichten jedoch nach Vorlage einer Baulasterklärung auf die zusätzliche Beantragung einer Befreiung oder Abweichung. Ein Rechtsanspruch besteht hierauf aber nicht.

Dieses Problem gewinnt bei nach § 64 HBO genehmigungsfreigestellter Bauvorhaben Gewicht. Denn danach wird ein Vorhaben baugenehmigungspflichtig, wenn Abweichungen oder Befreiungen notwendig werden. Durch die Eintragung z. B. einer „Abstandsflächenbaulast" auf das Nachbargrundstück könnte das Vorhaben somit weiterhin baugenehmigungsfrei bleiben bzw. ohne Abweichungsbescheid errichtet werden. Diese Vereinfachung wird von den meisten Bauaufsichtsämtern praktiziert, ein Rechtsanspruch besteht darauf jedoch nicht. Es empfiehlt sich deshalb im Einzelfall eine vorherige Nachfrage bei der zuständigen Bauaufsicht.

2.23 „Vorratsbaulasten"?

41 Es ist in der Rechtsprechung nicht abschließend geklärt, ob sog. „Vorratsbaulasten", also Baulasten, die ohne Zusammenhang mit einem aktuellen Bauantrag übernommen werden, zulässig sind[1].

2.24 Gebühren für Baulasteintragungen

42 Baulasten sind gebührenpflichtig. Meist ist eine örtliche Bauaufsichtsgebührensatzung[2] vorhanden; sonst gilt das Verwaltungskostenverzeichnis der Obersten Bauaufsicht[3]. Beispielsweise sehen die Nummern 451, 452 und 453 der Bauaufsichtsgebührensatzung der Stadt Frankfurt am Main Gebühren für die Entgegennahme der Verpflichtungserklärung, die Erteilung von schriftlichen Auskünften und die Löschung einer Baulast vor.

1 vgl hierzu *Hornmann*, HBO, 4. Aufl., § 85 Rn. 10

2 Vgl. etwa Bauaufsichtsgebührensatzung der Stadt Frankfurt am Main vom 7.11.2019, www.bauaufsicht-frankfurt.de

3 Verwaltungskostenordnung für den Geschäftsbereich des Ministeriums für Wirtschaft, Energie, Verkehr und Wohnen (VwKostO-MWEVW) Vom 19. November 2012, zu finden unter www.rv.hessenrecht.hessen.de

2.25 Gebührenpflicht

Gebührenpflichtig sind die Eigentümer des belasteten Grundstücks, da sie die Baulasterklärung abgeben und unterschreiben. Empfehlenswert ist deshalb eine privatrechtliche Regelung zur Übernahme der Eintragungsgebühren durch den Begünstigten. Ist ein Beauftragter angegeben, wird die Gebührenrechnung ihm zugestellt. 43

2.26 Mustertexte für Baulasten

Die am häufigsten benötigten Baulasten sind im Folgenden zusammengefasst und durch Systemskizzen erläutert. Amtlich eingeführte Mustertexte gibt es derzeit nicht. Wir schlagen nachstehend Mustertexte vor. Diese sind aber an die Besonderheiten des Einzelfalls anzupassen und mit der zuständigen Bauaufsichtsbehörde abzustimmen. 44

3. Baulastenverzeichnis

3.1 Hinweise zur Führung des Baulastenverzeichnisses

45 Das Baulastenverzeichnis wird von der unteren Bauaufsichtsbehörde geführt. Eintragungen dürfen nur von Bediensteten verfügt oder vorgenommen werden, die hierzu besonders bestellt sind; das gilt auch für ihre Vertretung. Zur Information werden im Folgenden einige Empfehlungen dargestellt, die bei der Führung des Baulastenverzeichnisses durch die Behörde beachtet werden sollten und von allgemeinem Interesse sind.

3.2 Örtliche Zuständigkeit

46 Das Baulastenverzeichnis wird in der Regel für das Gebiet einer Gemeinde nach Gemarkung getrennt geführt. Es wird in Loseblattform angelegt und besteht somit aus „Baulastenblättern".

3.3 Grundstücksbezogenheit

47 Jedes Grundstück erhält ein eigenes Baulastenblatt mit einer eigenen Nummer. Das Baulastenblatt wird bei der ersten das Grundstück betreffenden Eintragung angelegt.

3.4 Gestaltung Baulastenblatt

48 Das Baulastenblatt hat das Format DIN A 4. Es ist mit einem Heftrand zu versehen und darf nur einseitig beschrieben werden. Reicht eine Seite für die Eintragung nicht aus, so sind nach Bedarf weitere Seiten nachzuheften. Das Baulastenblatt ist mit fortlaufenden Seitenzahlen zu versehen; die Zahl der folgenden Seite ist auf der ihr vorangehenden Seite unten rechts anzugeben.
Das Baulastenblatt besteht aus dem Kopf und dem Eintragungsteil. Im Kopf sind anzugeben

- die untere Bauaufsichtsbehörde,
- die Gemeinde und die Gemarkung,
- die Nummer des Baulastenblattes,
- die Seite des Baulastenblattes,
- die Bezeichnung des Grundstücks nach Straße und Hausnummer und
- die katastertechnische Bezeichnung des Grundstücks (Flur und Flurstück)

Der Eintragungsteil besteht aus drei Spalten:

- Spalte 1: laufende Nummer der Eintragung,
- Spalte 2: Inhalt der Eintragung,
- Spalte 3: Bemerkungen.

3.5 Änderung der Flurstücksbezeichnung

Änderungen in der Bezeichnung des Grundstücks sind alsbald nach Bekanntwerden bzw. nach Mitteilung des Katasteramtes auf dem Baulastenblatt zu vermerken. **49**
Werden vom Katasteramt Veränderungen im Bestand der Flurstücke mitgeteilt, die eingetragene Baulasten betreffen, so ist für die neu gebildeten oder geänderten Grundstücke, soweit sich die Baulasten auf sie erstrecken, ein neues Baulastenblatt anzulegen.

3.6 Eintragungsvermerke

Die Eintragungen sind mit laufenden Nummern zu versehen. Die Eintragungs- und Löschungsvermerke müssen den jeweiligen Eintragungen zweifelsfrei zuzuordnen sein. **50**

3.7 Löschungsvermerke

Eine aufgehobene Baulast ist durch rotes Durchstreichen der Eintragung zu löschen. Die Löschung kann auch auf andere Weise erfolgen, wenn sie zweifelsfrei erkennbar ist. Die gelöschte Eintragung muss immer lesbar bleiben. Ein vollständiges oder teilweises Löschen von Daten ist unzulässig. **51**
Für die Schließung und Umschreibung des Baulastenblattes gelten die Ausführungen sinngemäß.

3.8 Eintragungsverfügung

Eintragungen in das Baulastenverzeichnis werden in der Regel nur aufgrund besonderer Eintragungsverfügungen der hierzu bestellten Bediensteten vorgenommen. Die Verfügung hat den vollständigen Wortlaut der Eintragung sowie die genaue Bezeichnung des von der Eintragung betroffenen, ggf. auch des begünstigten Grundstücks zu enthalten. Sie erhält das Aktenzeichen der Verpflichtungserklärung oder des sonst maßgeblichen Vorgangs. Sie ist auf die Urschrift der Verpflichtungserklärung zu setzen oder mit ihr zu verbinden. Die Eintragung eines Verzichts darf erst verfügt werden, wenn dieser unanfechtbar geworden ist. **52**
Die Eintragung von Regelungen der Umlegungsstelle darf erst verfügt werden, wenn die Bekanntmachung nach § 71 BauGB erfolgt ist. Sie ist wie der Verzicht von Amts wegen vorzunehmen. Dies gilt auch für die Neuordnung von Baulasten nach § 80 Abs. 4 BauGB im Zuge einer vereinfachten Umlegung und der Bekanntmachung nach § 83 Abs. 1 BauGB.
Die Eintragungen sind mit laufenden Nummern zu versehen, die in Spalte 1 aufzunehmen sind.

3.9 Eintragung der Inhalte der Baulasten

Die Baulasten sind ihrem Inhalt nach in Spalte 2 einzutragen. Die Eintragung kann den vollen Wortlaut der Verpflichtungserklärung wiedergeben; sie kann **53**

sich aber auch auf den wesentlichen Inhalt beschränken. Wird in der Verpflichtungserklärung auf Darstellungen in einem Auszug aus der Liegenschaftskarte Bezug genommen, so muss dies aus der Eintragung ersichtlich sein.
In Spalte 3 ist die Eintragungsverfügung anzuführen. Bezieht sich eine Eintragung auf eine frühere Eintragung, so ist dies in Spalte 3 der früheren Eintragung zu vermerken. Eine aufgehobene Baulast ist durch rotes Durchstreichen der Eintragungen in Spalte 2 zu löschen; in Spalte 3 ist ein Löschungsvermerk einzutragen. Im Übrigen können in Spalte 3 Hinweise auf die Baulastakte eingetragen werden.

3.10 Änderungen

54 Unrichtige Eintragungen sind in roter Schrift zu ändern oder rot durchzustreichen. In Spalte 3 ist ein Änderungs- oder Löschvermerk einzutragen.
Jede Eintragung in das Baulastenverzeichnis ist von den eintragenden Bediensteten unter Angabe des Tages in Spalte 3 zu unterschreiben. Es ist der Tag anzugeben, an dem die Eintragung unterschrieben wird.

3.11 Baulastakten

55 Verpflichtungserklärung, Einverständniserklärung und Eintragungsverfügung sowie etwaige andere Unterlagen sollten nach erfolgter Eintragung zu besonderen Akten (Baulastakten) genommen werden. Je eine Abschrift, Durchschrift oder Ablichtung der Verpflichtungserklärung und der Eintragungs- oder Löschungsverfügungen sollten in die Bauakten für das betroffene und das begünstigte Grundstück aufgenommen werden.

3.12 Durchschriften

56 Nach erfolgter Eintragung oder Löschung erhalten eine beglaubigte Abschrift, Durchschrift oder Ablichtung aus dem Baulastenverzeichnis

- die dinglich Berechtigten des betroffenen Grundstücks, ggf. auch die Erbbauberechtigten,
- die dinglich Berechtigten des begünstigten Grundstücks,
- die Bauherrschaft; sofern sie nicht dinglich Berechtigte des begünstigten Grundstücks sind,
- die Gemeinde und
- das Katasteramt.

3.13 Schließen eines Baulastenblattes

57 Das gleiche gilt bei Schließung und Umschreibung des Baulastenblattes.
Ist ein Baulastenblatt infolge vieler Änderungen oder Löschungen unübersichtlich geworden, so ist das Blatt zu schließen und umzuschreiben. Die Schließung erfolgt durch den Vermerk: „Geschlossen am … “ am Schluss des Baulastenblattes. Der Vermerk ist von der zuständigen bediensteten Person zu unterschreiben.

Die Eintragungen des geschlossenen Baulastenblattes sind in ein neues Baulastenblatt umzuschreiben. Der Inhalt gelöschter Eintragungen ist nicht in das neue Baulastenblatt zu übertragen, vielmehr sind nur die laufenden Nummern dieser Eintragungen und in Spalte 2 der Vermerk „gelöscht" aufzunehmen. In dem neuen Baulastenblatt ist auf das geschlossene und in dem geschlossenen auf das neue Baulastenblatt zu verweisen. Am Schluss des umgeschriebenen Inhalts des neuen Baulastenblattes ist in Spalte 2 von der zuständigen bediensteten Person zu bescheinigen, dass der Inhalt des neuen mit dem des geschlossenen Baulastenblattes übereinstimmt. Das geschlossene Blatt ist zu den Baulastakten zu nehmen.

3.14 Löschung von Baulasten

Die Baulast ruht als öffentliche Last auf dem Grundstück. Sie kann durch schrift- **58**
lichen Verzicht der Bauaufsichtsbehörde gelöscht werden (§ 85 Abs. 3 HBO). Ein Antrag ist nicht erforderlich, aber auch nicht ausgeschlossen. Der Verzicht wird erst mit der Löschung der Baulast im Baulastenverzeichnis wirksam (§ 85 Abs. 3 S. 4 HBO). Alle Betroffenen sind vor der Löschung zu beteiligen. Die Löschung wird allen Beteiligten und dem Liegenschaftskataster mitgeteilt.

3.15 Antrag auf Löschung

Verpflichtete und Begünstigte können den Verzicht beantragen. Der Verzicht **59**
muss von der Bauaufsicht erklärt werden, wenn ein öffentliches Interesse an der Baulast nicht mehr besteht (§ 85 Abs. 3 S. 2 HBO). Dies ist immer bei Änderung der maßgeblichen Rechtslage oder Wegfall der sachlichen Notwendigkeit gegeben.

3.16 Anhörungen vor der Löschung

Vor dem Verzicht sollen die Verpflichteten und die durch die Baulast Begünstig- **60**
ten gehört werden (§ 85 Abs. 3 S. 3 HBO). Wer einen Antrag auf Verzicht gestellt hat, braucht nicht mehr gehört zu werden.

3.17 Veränderung der Baulasten durch Umlegungsstelle

Nach § 61 Abs. 1 S. 3 BauGB kann die Umlegungsstelle im Umlegungsverfahren **61**
nach dem Vierten Teil des Baugesetzbuches bestehende Baulasten aufheben, ändern oder neu begründen. Diese Regelungen bedürfen des Einvernehmens der unteren Bauaufsichtsbehörde als Baugenehmigungsbehörde. Sie werden mit der Bekanntmachung nach § 71 BauGB wirksam (§ 72 Abs. 1 BauGB). Ihrer Eintragung in das Baulastenverzeichnis kommt nur feststellende Bedeutung zu.
Dies gilt sinngemäß auch für die Neuordnung von Baulasten nach § 80 Abs. 4 BauGB im Zuge der vereinfachten Umlegung.

4. Mustertexte für Verpflichtungserklärungen

Grundlegendes Muster einer Verpflichtungserklärung – formlos

62 Etwa für Zwecke einer notariellen Baulastübernahmeerklärung kann nachstehendes Muster verwendet werden. Ein formularmäßiges Muster wird unter Ziff. 5.1 beigefügt.

Baulasterklärung (§ 85 HBO)[1]

63 *(Name), (Anschrift),*
übernimmt als Eigentümer[2] des Grundstücks Gemarkung, Flur, Flurstück (belastetes Grundstück), ausschließlich zur Herstellung der Genehmigungsvoraussetzungen des Bauvorhabens Az (*alternativ*[3]*: unabhängig von einem bestimmten Bauvorhaben*) nachstehende öffentlich-rechtliche Verpflichtung zur Eintragung ins Baulastenverzeichnis nach § 85 der Hessischen Bauordnung (HBO) zu Lasten des vorbezeichneten belasteten Grundstücks und mit Wirkung für alle Rechtsnachfolger:
(Baulastentext)[4]
Es wird beantragt, die bewilligte Baulast nach § 85 Abs. 1 S. 2 HBO in das Baulastenverzeichnis einzutragen.
(Ort), den
(Unterschrift)[5]
Anlage: Lageplan[6] mit Kennzeichnung der Baulastenfläche

---

1 Baulasten sind an die Besonderheiten des zu regelnden Sachverhaltes anzupassen. Die Muster dienen insoweit nur der Orientierung und Erleichterung der Formulierung und sollten nicht schematisch verwendet werden.

2 Die Berechtigung ist anhand eines aktuellen Grundbuchauszuges zu prüfen. Besonderheiten insbesondere bei Erbbaurechten und Mehrheiten von Berechtigten, z. B. Eigentümergemeinschaften, sind zu beachten.

3 Baulasten können vorhabenbezogen oder grundstücksbezogen (unabhängig von einem bestimmten Bauvorhaben) übernommen werden. Es wird empfohlen, dies bei der Baulastenübernahme klarzustellen, um spätere Auslegungsschwierigkeiten zu vermeiden.

4 Formulierungsvorschläge hierzu nachstehend.

5 Die Baulastenübernahmeerklärung bedarf der Schriftform und ist vom Berechtigten zu unterzeichnen. Nach § 85 Abs. 2 S. 2 HBO muss die Unterschrift öffentlich (notariell) beglaubigt oder von einer Behörde oder Person nach § 15 Abs. 2 des Hessischen Vermessungs- und Geoinformationsgesetzes beglaubigt sein, wenn sie nicht vor der Bauaufsichtsbehörde geleistet oder vor ihr anerkannt wird; dies gilt nicht für Träger öffentlicher Verwaltung.

6 Es ist ein Auszug aus der Liegenschaftskarte im Maßstab 1:500 zu verwenden. Ein kleinerer Maßstab ist in Ausnahmefällen zulässig. Ein Ortsvergleich ist durchzuführen. Der Plan sollte folgende Angaben enthalten: Maßstab und Nordrichtung, die Grenzen und die Bezeichnung der betroffenen Grundstücke nach Gemarkung, Flur und Flurstücken sowie die vorhandenen baulichen Anlagen auf den betroffenen Grundstücken. Die mit der Baulast belastete Fläche ist zu vermaßen und mit einer farblichen Kennzeichnung zu versehen.

4.1 Baulasten zur Erschließung

Hinweis: Für die Erschließung von Baugrundstücken gibt es bauplanungsrechtliche und bauordnungsrechtliche Vorgaben. 64
Für die planungsrechtliche Zulässigkeit eines Bauvorhabens nach § 30 BauGB (im Geltungsbereich eines Bebauungsplans), nach § 34 BauGB (im unbeplanten Innenbereich) oder nach § 35 BauGB (im Außenbereich) ist die Sicherung der Erschließung erforderlich[7]. Wenn das Baugrundstück nicht an eine öffentliche Straße grenzt, muss die Erschließung dauerhaft gesichert sein, entweder öffentlich-rechtlich oder privatrechtlich, wobei für die privatrechtliche Sicherung i. d. R. eine grundbuchliche Sicherung, etwa durch eine Grunddienstbarkeit nach § 1018 BGB erforderlich sein wird.
Die **bauordnungsrechtlichen Anforderungen** an die Erschließung ergeben sich aus den §§ 4 und 5 HBO. Nach § 4 Abs. 1 HBO dürfen Gebäude nur errichtet werden, wenn gesichert ist, dass ab Beginn ihrer Nutzung das Grundstück in für die Zufahrt und den Einsatz von Feuerlösch- und Rettungsgeräten ausreichender Breite an einer befahrbaren öffentlichen Verkehrsfläche liegt oder eine befahrbare, öffentlich-rechtlich gesicherte Zufahrt in ausreichender Breite zu einer solchen Verkehrsfläche hat. Nach § 5 HBO sind insbesondere für die Feuerwehr von den öffentlichen Verkehrsflächen ein Zu- oder Durchgang bzw. eine Zu- oder Durchfahrt zu schaffen. In bestimmten Fällen sind noch Bewegungsflächen für die Feuerwehr herzustellen[8]. Bei nicht geradlinigen Zugängen und Zufahrten sind größere Mindestbreiten vorgeschrieben. Soweit erforderliche Flächen nicht auf dem Grundstück liegen, müssen sie öffentlich-rechtlich, also durch Baulast, gesichert sein.
D. h., für die planungsrechtliche Sicherung der Erschließung kann eine (zivilrechtliche) Grunddienstbarkeit ausreichend sein, für die bauordnungsrechtliche Erschließung ist zwingend eine öffentlich-rechtliche Sicherung durch Baulast erforderlich.
Privatrechtliche Regelungen etwa in Nachbarschaftsvereinbarungen, ggf. mit grundbuchlichen Sicherungen, zur Herstellung, Unterhaltung, Nutzung und zum Betreten der Erschließungsflächen sind unbedingt empfehlenswert.
Die in den Mustertexten angegebenen Maße sind auf die Feuerlösch- und Rettungsgeräte der örtlichen Feuerwehr abzustimmen.

4.1.1 Zugang als Dauernutzung

Rechtsgrundlage: § 4 Abs. 1 und § 5 Abs. 1 S. 5 HBO 65

Die in dem beigefügten Auszug aus der Liegenschaftskarte (Kartenauszug mit Ortsvergleich) vermasst dargestellte Fläche wird zugunsten des Flurstückes
Gemarkung: ------ Flur: ------ Flurstück: ------
als jederzeit ungehinderter und verkehrssicherer Zugang zur Verfügung gestellt. Soweit in dem Kartenauszug nicht größere Maße angegeben sind, muss die Mindestbreite 1,25 m und die Mindesthöhe 2,00 m im Lichten betragen.

7 Zu den Einzelheiten der bauplanungsrechtlichen Anforderungen an die Erschließung vgl. etwa *Mitschang* in: *Battis/Krautzberger/Löhr*, § 30 BauGB Rn. 18 ff.

8 Zu den Einzelheiten vgl. die Kommentierungen von *Allgeier/Rickenberg*, *Spannowsky/Pützenbacher* oder *Hornmann* zu den §§ 4 und 5 HBO.

4.1.2 Zugang nur zur Rettung

66 *Rechtsgrundlage: § 4 Abs. 1 und § 5 Abs. 1 S. 5 HBO*

Die in dem beigefügten Auszug aus der Liegenschaftskarte (Kartenauszug mit Ortsvergleich) vermasst dargestellte Fläche wird zugunsten des Flurstückes
Gemarkung: ------ Flur: ------ Flurstück: ------
nur im Rettungsfall für den Einsatz von Feuerlösch- und Rettungsgeräten als ungehinderter und verkehrssicherer Zugang zur Verfügung gestellt. So weit in dem Kartenauszug nicht größere Maße angegeben sind, muss die Mindestbreite 1,25 m und die Mindesthöhe 2,00 m im Lichten betragen.

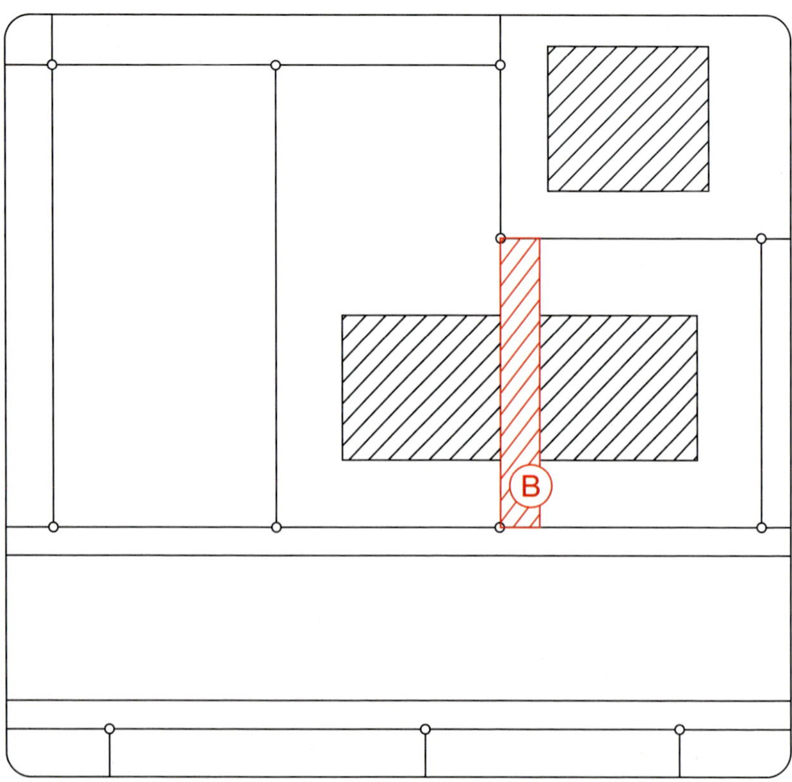

Abb. 1: Zugang

4.1.3 Zufahrt als Dauernutzung

67 *Rechtsgrundlage: § 4 Abs. 1 und § 5 Abs. 1 S. 5 HBO*

Die in dem beigefügten Auszug aus der Liegenschaftskarte (Kartenauszug mit Ortsvergleich) vermasst dargestellte Fläche wird zugunsten des Flurstückes
Gemarkung: ------ Flur: ------ Flurstück: ------

als jederzeit ungehinderte und verkehrssichere Zufahrt zur Verfügung gestellt. Soweit in dem Kartenauszug nicht größere Maße angegeben sind, muss die Mindestbreite 3,00 m und die Mindesthöhe 3,50 m im Lichten betragen.

4.1.4 Zufahrt nur zur Rettung

Rechtsgrundlage: § 4 Abs. 1 und § 5 Abs. 1 S. 5 HBO 68

Die in dem beigefügten Auszug aus der Liegenschaftskarte (Kartenauszug mit Ortsvergleich) vermasst dargestellte Fläche wird zugunsten des Flurstückes
Gemarkung: ------ Flur: ------ Flurstück: ------
nur im Rettungsfall für den Einsatz von Feuerlösch- und Rettungsgeräten als ungehinderte und verkehrssichere Zufahrt zur Verfügung gestellt. Soweit in dem Kartenauszug nicht größere Maße angegeben sind, muss die Mindestbreite 3,00 m und die Mindesthöhe 3,50 m im Lichten betragen.

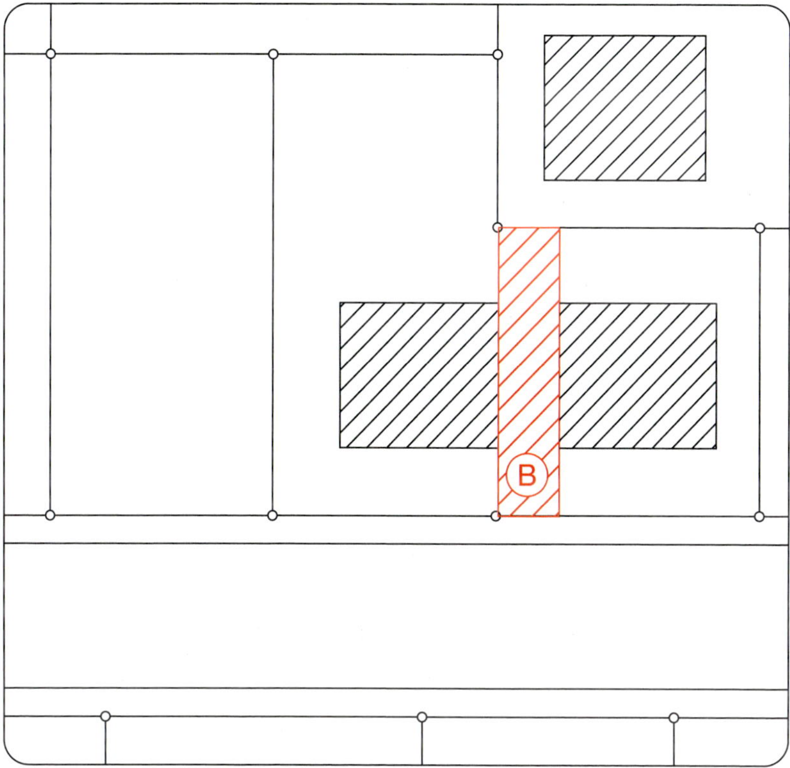

Abb. 2: Zufahrt

4.1.5 Zufahrts- und Bewegungsfläche für Rettungsfahrzeuge

69 *Rechtsgrundlage: § 5 Abs. 1 S. 4 HBO*

Die in dem beigefügten Auszug aus der Liegenschaftskarte (Kartenauszug mit Ortsvergleich) vermasst dargestellte Fläche ist als Anfahrt- und Bewegungsfläche für Feuerwehr und Rettungsfahrzeuge zugunsten des Grundstückes
Gemarkung: ------ Flur: ------ Flurstück: ------
von jeglicher Bebauung und Bepflanzung, auch von Einfriedungen, freizuhalten. Die Fläche muss befahrbar hergestellt und darf nicht zum Abstellen von KFZ genutzt werden. Die Zufahrt von der öffentlichen Verkehrsfläche ist zu kennzeichnen und freizuhalten.

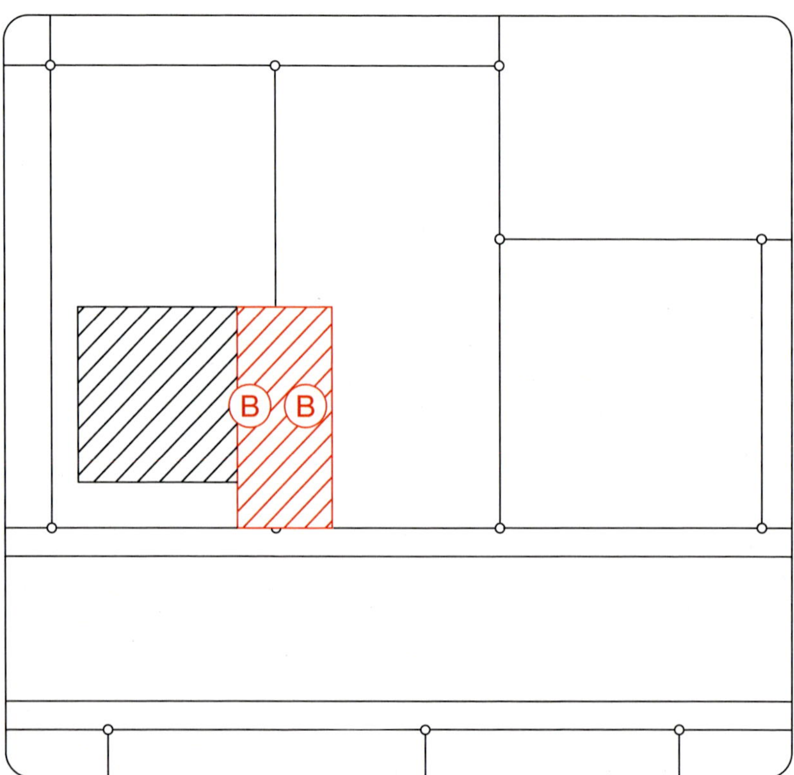

Abb. 3: Anleiterfläche für Rettungsfahrzeuge

> **Hinweis:** Die rot markierte Fläche stellt die insgesamt benötigte Fläche dar. Diese Fläche befindet sich zum Teil auf dem Baugrundstück und zum Teil auf dem belasteten (Nachbar-) Grundstück. Belastungsgegenstand der Baulast ist nur die auf dem belasteten (Nachbar-) Grundstück liegende Fläche.

Hinweis: Diese Baulast ist ggf. mit der Baulast 4.2.4 zur Freihaltung des Brandschutzabstands zu verbinden. Soll die Anleiterfläche für die Feuerwehr auch dem Gebäude auf dem gleichen Grundstück dienen, ist diese Baulast wechselseitig auf beide Flurstücke einzutragen.

4.1.6 Sicherung des 2. Rettungsweges

Rechtsgrundlage: § 36 HBO **70**

Die in dem beigefügten Auszug aus der Liegenschaftskarte (Kartenauszug mit Ortsvergleich) sowie in den beigefügten Grundrissen vermasst dargestellte Fläche wird zugunsten des Flurstückes
Gemarkung: ------ Flur: ------ Flurstück: ------
ausschließlich zur Nutzung als 2. Rettungsweg als jederzeit ungehinderter Zugang zur Verfügung gestellt. Die Fläche ist dauernd frei und nutzbar zu halten.

Hinweis: Durch die Baulast wird der 2. Rettungsweg, der über ein Nachbargebäude führt, gesichert. Diese Baulast spielt eine große Rolle in Sanierungsgebieten und für den Denkmalschutz, etwa wenn die Erschließungsgasse zu schmal für Rettungsfahrzeuge ist.

4.1.7 Leitungsrechte

Hinweis: Die früher in den §§ 38 und 39 HBO enthaltenen Regelungen zur leitungsmäßigen Ver- und Entsorgung sind mit der HBO 2018 entfallen, da diese Anforderungen nach Ansicht des Landesgesetzgebers bereits in der planungsrechtlichen Erschließung[9] enthalten sind[10]. Dennoch kann sich der Bedarf nach einer öffentlich-rechtlichen Sicherung dieser leitungsgebundenen Erschließung ergeben, wenn das Baugrundstück nicht an der öffentlichen Straße liegt und die Leitungen über Drittgrundstücke geführt werden müssen. **71**
Sind bereits Leitungen im Grundstück vorhanden, brauchen nachträglich keine Baulasten mehr eingetragen zu werden. Privatrechtliche Regelungen im Grundbuch zur Herstellung, Unterhaltung, Reparatur und Reinigung der Leitungen sowie zum Betreten der Baulastfläche sind unbedingt empfehlenswert.
Der letzte Satz des Baulasttextes kann entfallen, wenn die Leitungen unmittelbar zur öffentlichen Erschließung geführt werden.

Die in dem beigefügten Auszug aus der Liegenschaftskarte (Kartenauszug mit Ortsvergleich) vermasst dargestellte Fläche wird zugunsten des Grundstückes
Gemarkung: ------ Flur: ------ Flurstück: ------
zur Aufnahme von Wasser-, Abwasser- und Energieversorgungs- und Kommunikationsleitungen und -anlagen zur Verfügung gestellt.

9 Kurzerläuterung s. o.
10 Landtags-Drucksache 19/5379, S. 92/93

Alternativ:

An bereits vorhandene Leitungen kann angeschlossen werden.

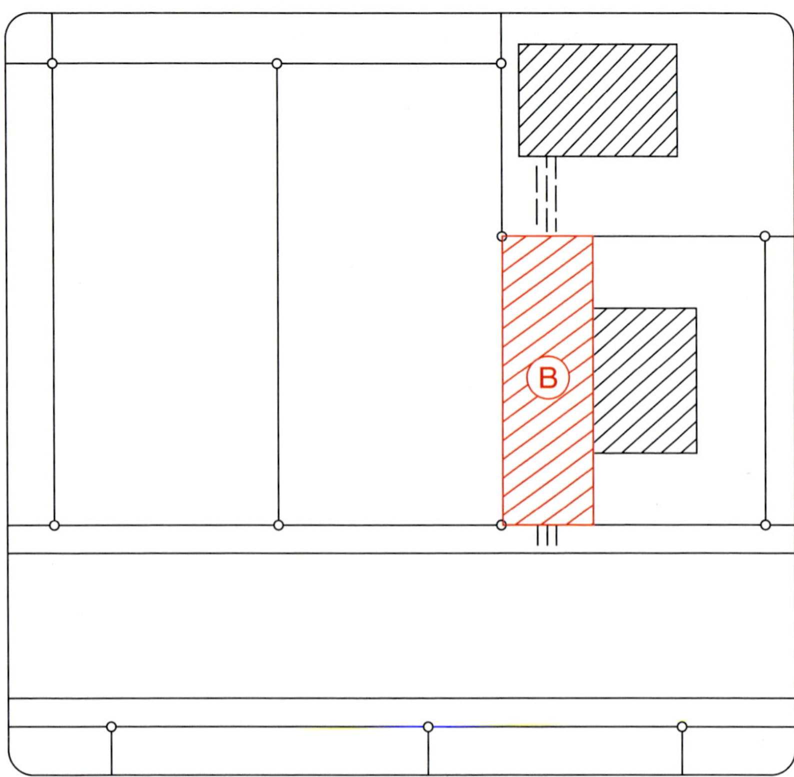

Abb. 4: Leitungsrechte

4.2 Baulasten zu Abstandsflächen

4.2.1 Übernahme von Abstandsflächen ab Geländeoberfläche

72 *Rechtsgrundlage: § 6 Abs. 2 S. 2 Nr. 2 HBO*

Die in dem beigefügten Auszug aus der Liegenschaftskarte (Kartenauszug mit Ortsvergleich) vermasst dargestellte Fläche wird zugunsten des Grundstückes
Gemarkung: ------ Flur: ------ Flurstück: ------
bei der Berechnung der Abstandsflächen nach § 6 HBO zur Verfügung gestellt. Diese Fläche darf nicht überbaut und nicht auf die auf dem belasteten Grundstück erforderlichen Abstandsflächen und Abstände angerechnet werden.

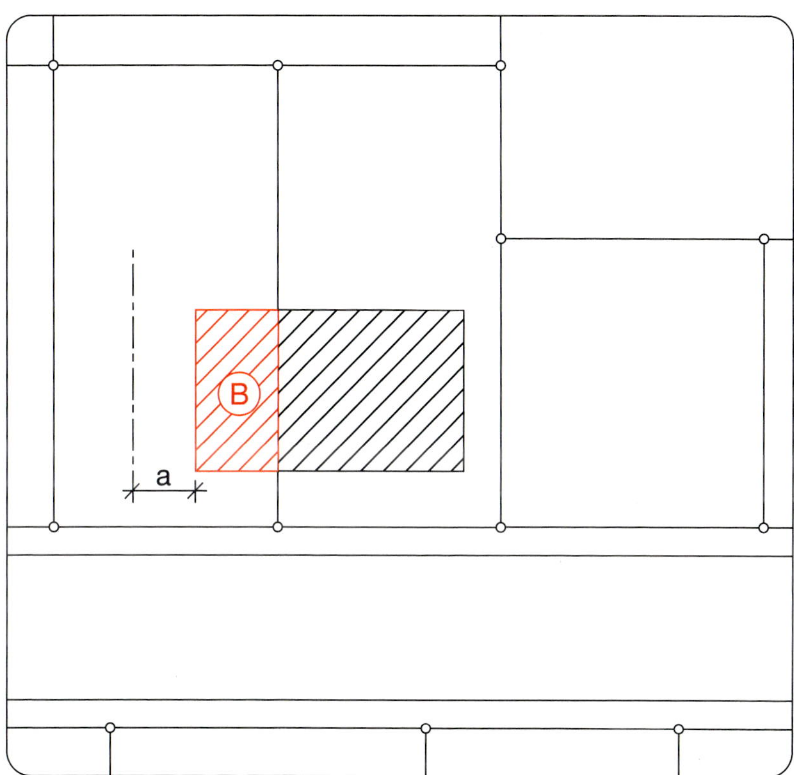

Abb. 5: Übernahme von Abstandsfläche

4.2.2 Übernahme von Abstandsflächen ab Gebäudeoberkante

Rechtsgrundlage: § 6 Abs. 2 S. 2 Nr. 2 HBO 73

Die in dem beigefügten Auszug aus der Liegenschaftskarte (Kartenauszug mit Ortsvergleich) vermasst dargestellte Fläche wird zugunsten des Grundstückes
Gemarkung: ------ Flur: ------ Flurstück: ------
bei der Berechnung der Abstandsflächen nach § 6 HBO ab einer Höhe von xxx m über Geländeoberfläche an der Grenze zur Verfügung gestellt. Diese Fläche darf nicht überbaut und nicht auf die auf dem belasteten Grundstück erforderlichen Abstandsflächen und Abstände angerechnet werden.

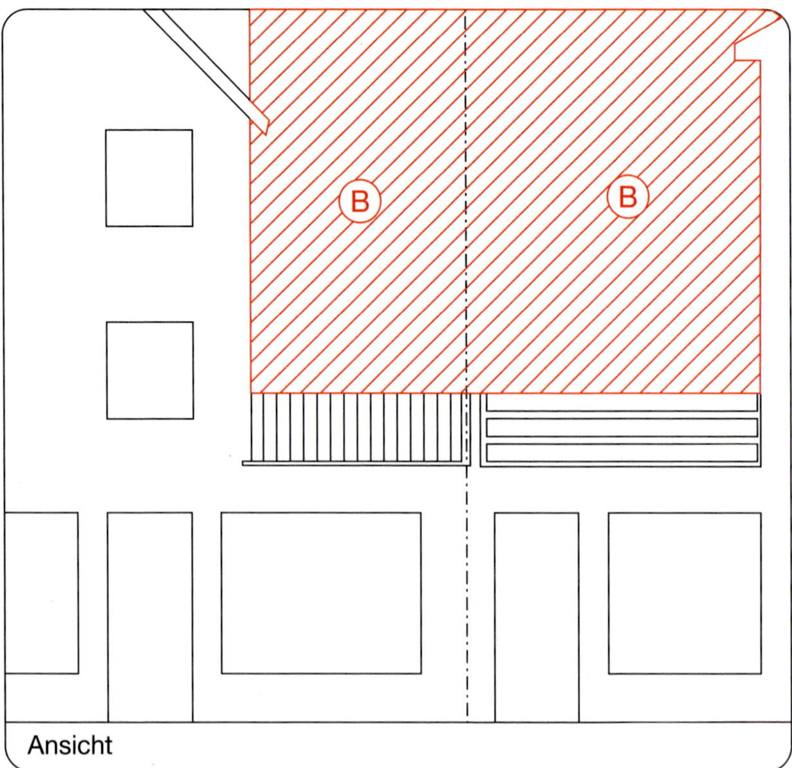

Abb. 6: Ansicht: Abstandsfläche über Geländehöhe

Hinweis: Alle baulichen Anlagen, die in der Abstandsfläche zulässig sind, können bis an die Begrenzung der Baulastfläche herangebaut werden. Unterhalb der festgelegten Höhe können bauliche Anlagen zugelassen werden, wenn planungs- oder brandschutzrechtliche Bedenken nicht bestehen. Es können auch andere Höhenbezugspunkte festgelegt werden, wenn sie eindeutig bestimmt sind. Der Abstand „a" bezeichnet die Abstandsfläche der baulichen Anlage auf dem belasteten Grundstück. Eine solche Baulast kann zur Problemlösung geeignet sein, wenn z. B. erdgeschossige Grenzbauten geduldet werden, aber solche in den oberen Geschossen ausgeschlossen werden sollen.

4.2.3 Anbaupflicht an Grenzwand

74 *Rechtsgrundlage: § 6 Abs. 1 S. 2 Nr. 2 HBO*

Im Falle der Errichtung einer baulichen Anlage ist an die bestehende bzw. bauaufsichtlich genehmigte Grenzwand auf dem Flurstück
Gemarkung: ------ Flur: ------ Flurstück: ------
in gleicher Höhe und Tiefe deckungsgleich anzubauen.

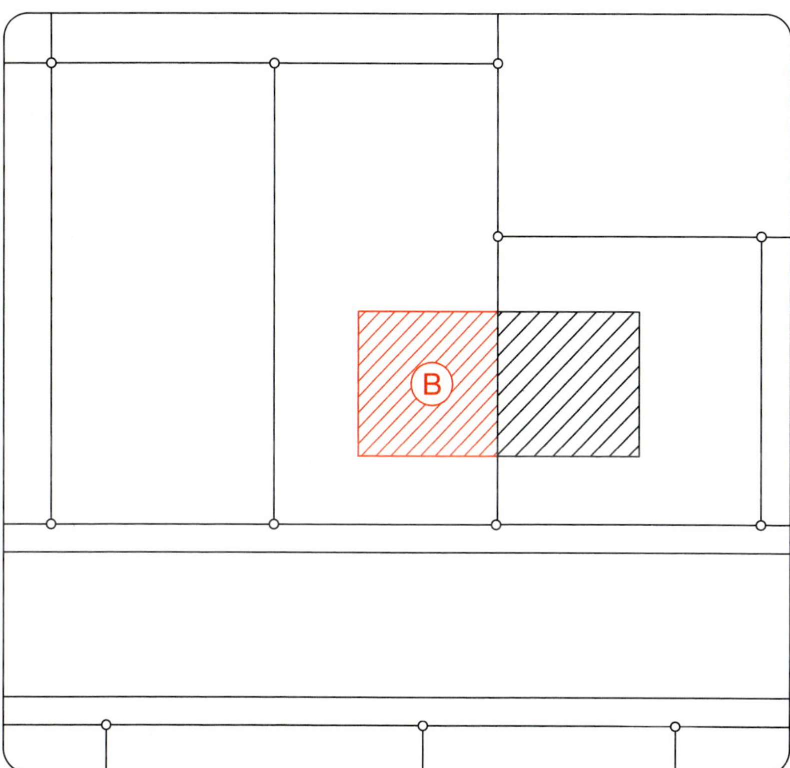

Abb. 7: Anbaupflicht an Grenzwand

Hinweis: Diese Baulast gewährleistet einen deckungsgleichen Anbau an eine bestehende Grenzwand z. B. aus städtebaulichen Gründen oder zur Vermeidung von Wärmeverlusten.
Ist ein nicht deckungsgleicher Anbau zulässig (§ 6 Abs. 1 S. 6 HBO) oder sind in einem Bebauungsplan entsprechende Staffelungen gefordert, muss keine Baulast eingetragen werden. Soll oder muss auf das Anbaurecht ganz oder teilweise verzichtet werden, wie z. B. bei offener Bauweise oder Fenstern in der Grenzwand, ist Baulast 4.2.1 oder 4.2.2 zu verwenden.

4.2.4 Brandschutzabstand

Die in dem beigefügten Auszug aus der Liegenschaftskarte (Kartenauszug mit Ortsvergleich) vermasst dargestellte Fläche ist für einen ausreichenden Brandschutzabstand von jeglicher Bebauung und Bepflanzung, auch von Einfriedungen, freizuhalten. 75

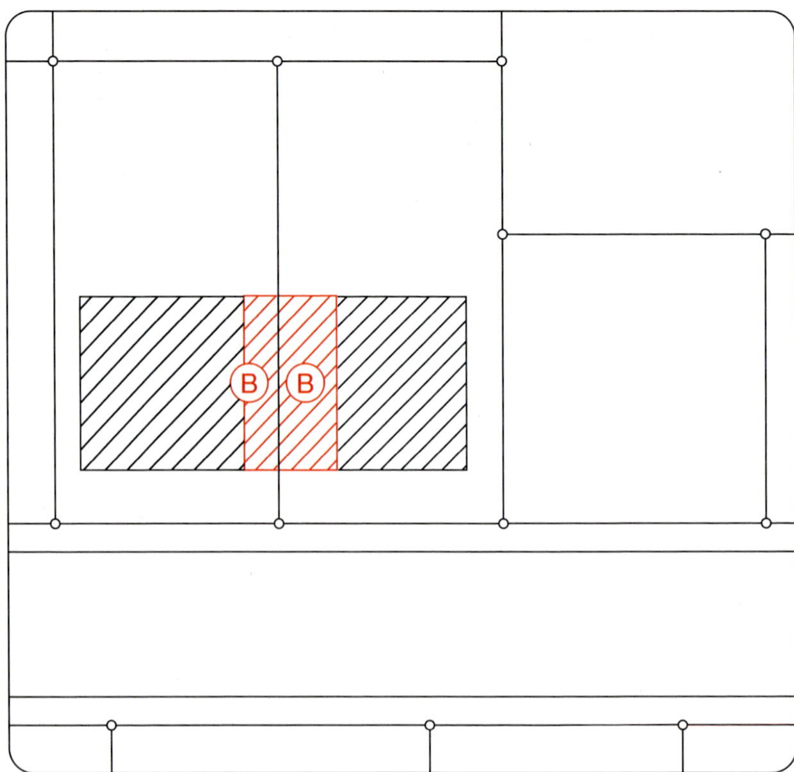

Abb. 8: Brandschutzabstand

Hinweis: Die Baulast muss jeweils auf beiden Flurstücken eingetragen werden, Es dürfen auch keine Zäune oder Lagerflächen eingerichtet werden. Bepflanzungen dürfen den Einsatz der Rettungsfahrzeuge nicht behindern. Gilt der Brandschutzabstand auch als Anleiterfläche für Rettungsfahrzeuge, ist zusätzlich Baulast 4.1.5 einzutragen.

4.3 Baulasten zur gemeinsamen Nutzung von Bauteilen

4.3.1 Erhaltung gemeinsamer Bauteile

76 *Rechtsgrundlage: § 12 Abs. 2 HBO*

Die in dem beigefügten Auszug aus der Liegenschaftskarte (Kartenauszug mit Ortsvergleich) dargestellten gemeinsamen Bauteile mit der baulichen Anlage auf dem Grundstück
Gemarkung: ------ Flur: ------ Flurstück: ------

werden im Falle eines Abbruches standsicher erhalten und zum Anbau zur Verfügung gestellt.

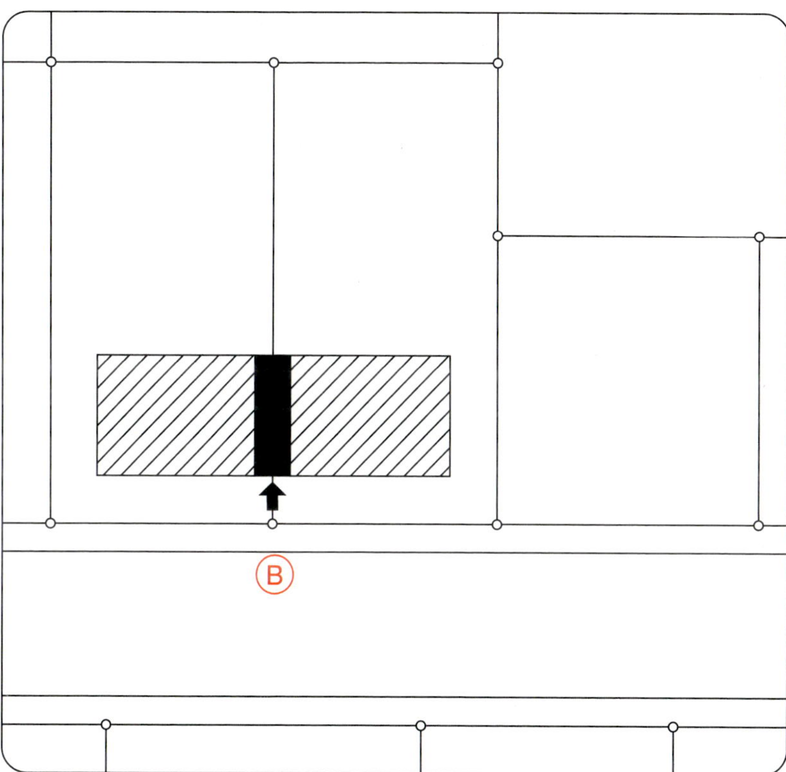

Abb. 9: Gemeinsame Bauteile

> **Hinweis:** Die Baulast muss wechselseitig auf beide Baugrundstücke eingetragen werden. Sollen Bauteile mitbenutzt werden, die sich ausschließlich auf dem Nachbargrundstück befinden, muss Baulast 4.3.2 eingetragen werden. Die zusätzliche privatrechtliche Absicherung im Grundbuch, insbesondere die Verpflichtung zur Unterhaltung, ist unbedingt empfehlenswert.

4.3.2 Mitbenutzung fremder Bauteile

Rechtsgrundlage: § 11 Abs. 2 HBO **77**

Die in dem beigefügten Auszug aus der Liegenschaftskarte (Kartenauszug mit Ortsvergleich) dargestellten vorhandenen Bauteile der baulichen Anlage auf dem Flurstück
Gemarkung: ------ Flur: ------ Flurstück: ------

werden im Falle eines Abbruches standsicher erhalten und zum Anbau zur Verfügung gestellt.

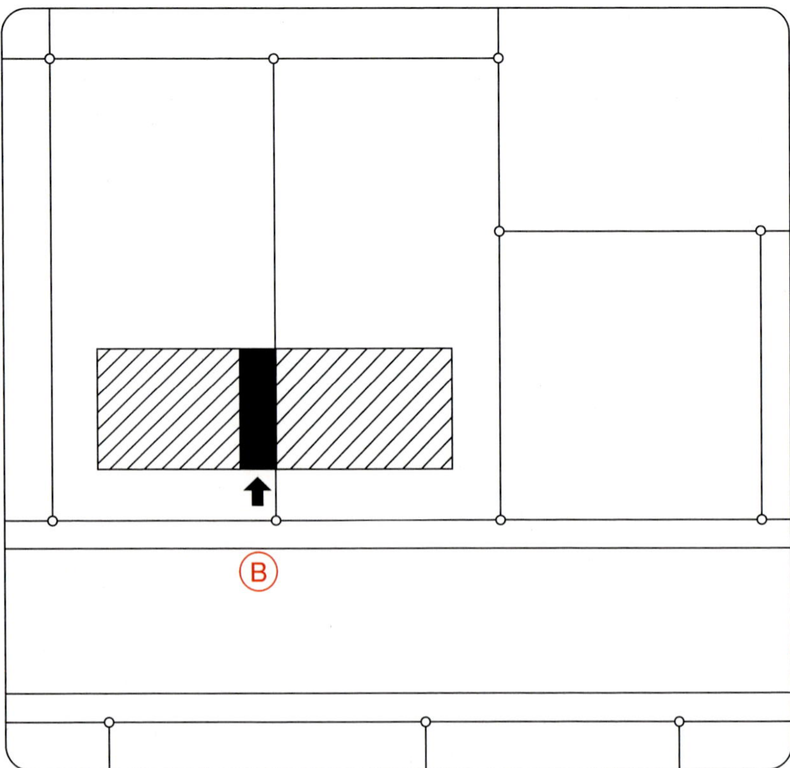

Abb. 10: Mitbenutzung fremder Bauteile

> **Hinweis:** Die zusätzliche privatrechtliche Absicherung im Grundbuch ist unbedingt empfehlenswert. Hierbei sollten die Verpflichtungen zur Unterhaltung geregelt werden (vgl. § 1021 BGB).

4.4 Baulasten zur Mitbenutzung und Vereinigung von Flächen

4.4.1 Gemeinsamer Kleinkinderspielplatz

78 *Rechtsgrundlage: § 8 Abs. 2 HBO*

> **Hinweis:** Werden mehr als drei Wohnungen errichtet, ist nach § 8 Abs. 2 S. 1 HBO auf dem Baugrundstück oder öffentlich-rechtlich gesichert in unmittelbarer Nähe ein Spielplatz für Kleinkinder (bis zu 6 Jahren) anzulegen, zu

unterhalten und in die Bepflanzung der nicht überbauten Flächen einzubeziehen. Seiner Herstellung bedarf es nach § 8 Abs. 2 S. 2 Nr. 1 HBO nicht, wenn ein für Kleinkinder geeigneter, auch für das Baugrundstück bestimmter öffentlich-rechtlich gesicherter Spielplatz in unmittelbarer Nähe geschaffen wird oder vorhanden ist.
Privatrechtliche Regelungen zur Anlage, Pflege und Unterhaltung sind unbedingt empfehlenswert.

Die in dem beigefügten Auszug aus der Liegenschaftskarte (Kartenauszug mit Ortsvergleich) vermasst dargestellte Fläche wird zugunsten des Flurstückes
Gemarkung: ------ Flur: ------ Flurstück: ------
zur Errichtung, Benutzung und Unterhaltung eines Kleinkinderspielplatzes zur Verfügung gestellt. Der Zugang zur bestimmungsgemäßen Nutzung wird nicht behindert.

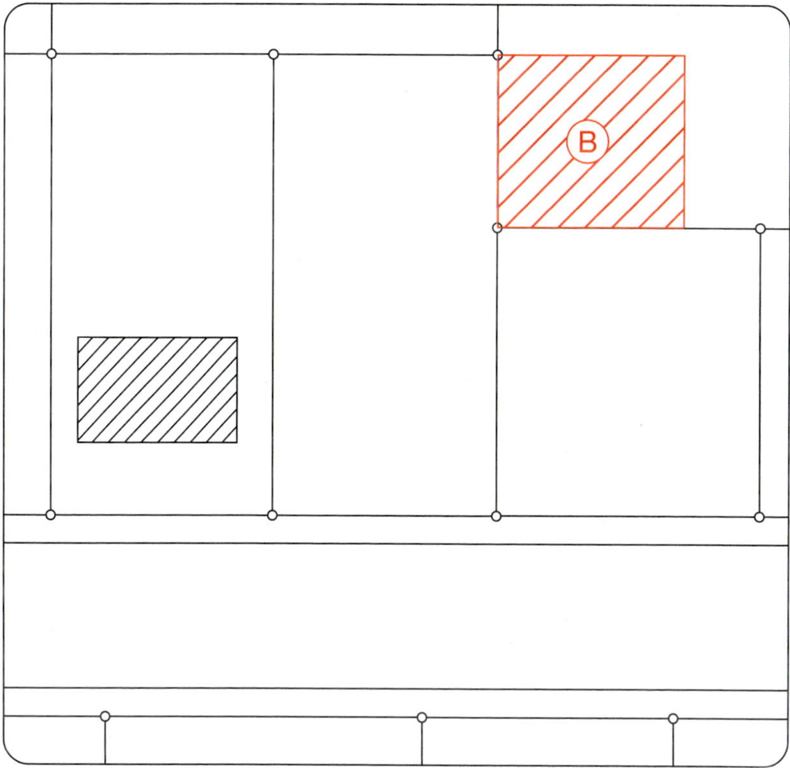

Abb. 11: Gemeinsamer Kleinkinderspielplatz

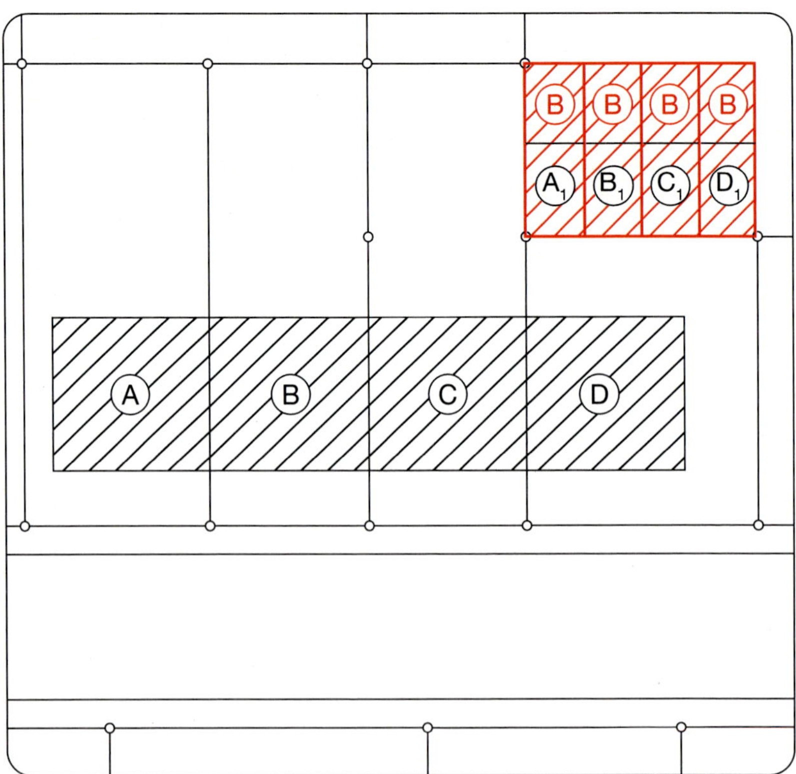

Abb. 12: Stellplätze

Hinweis: Nach § 52 HBO können Gemeinden in Satzungen festlegen, ob und in welchem Umfang Kfz-Stellplätze sowie Abstellplätze für Fahrräder herzustellen sind. Hierbei können die Gemeinden auch vorsehen, dass diese Stellplätze – öffentlich gesichert – auf fremden Grundstücken hergestellt werden können.
Dauerhafte privatrechtliche Regelungen (z. B. in Nachbarschaftsvereinbarungen, ggf. grundbuchlich gesichert), auch für Nutzungsentgelt, Herstellung, Unterhaltung und Pflege sind unbedingt empfehlenswert. Die Eigentumsverhältnisse sind ohne Bedeutung. Die Baulast kann auch in Tiefgaragen oder Parkhäuser gelegt werden.

4.4.2 Stellplätze auf fremdem Grundstück – Dauernutzung

79 Die in dem beigefügten Auszug aus der Liegenschaftskarte (Kartenauszug mit Ortsvergleich) vermasst dargestellte Fläche wird dem Grundstück
Gemarkung: ------ Flur: ------ Flurstück: ------

zum Abstellen von PKW einschließlich Zufahrt zur jederzeitigen sicheren Benutzbarkeit zur Verfügung gestellt. Die Zufahrt zur bestimmungsgemäßen Nutzung wird nicht behindert.

4.4.3 Stellplätze auf fremdem Grundstück – Wechselnutzung

Die in dem beigefügten Auszug aus der Liegenschaftskarte (Kartenauszug mit Ortsvergleich) vermasst dargestellte Fläche wird dem Grundstück 80
Gemarkung: ------ Flur: ------ Flurstück: ------
zum Abstellen von PKW einschließlich Zufahrt zur sicheren Benutzbarkeit zu folgenden Zeiten zur Verfügung gestellt:
Der Zugang zur bestimmungsgemäßen Nutzung wird nicht behindert.

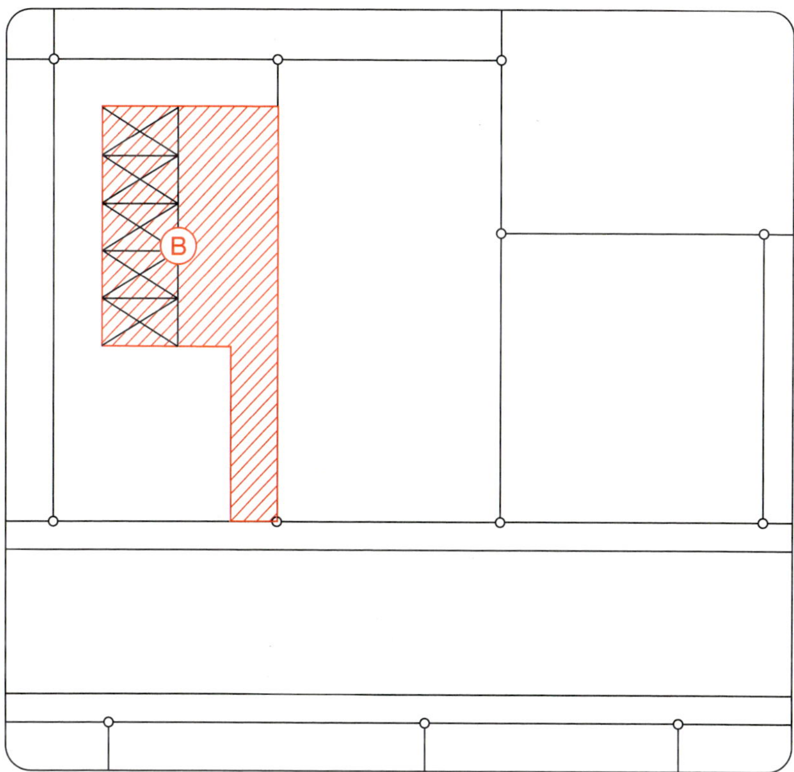

Abb. 13: Stellplätze auf fremdem Grundstück

4.4.4 Vereinigung von Flurstücken zum Baugrundstück

Rechtsgrundlage: § 4 Abs. 2 HBO 81

Hinweis: Die Baulast muss auf jedes betroffene Grundstück eingetragen werden. Die Eigentumsverhältnisse und Grundbucheintragungen, auch unterschiedliche Hypothekeneintragungen, sind ohne Bedeutung. Die Flurstücke müssen insgesamt ein Baugrundstück im Sinne des § 4 HBO ergeben. Die Baulast wirkt bauordnungsrechtlich, nicht jedoch bauplanungsrechtlich. Die Abstimmung mit Hypothekengebern ist dringend zu empfehlen. Aufgrund der sich aus der Vereinigungsbaulast ergebenden gegenseitigen baurechtlichen Abhängigkeiten ist auch eine zivilrechtliche Regelung über die Grundstücksnutzung zu empfehlen.

Die in dem beigefügten Auszug aus der Liegenschaftskarte (Kartenauszug mit Ortsvergleich) dargestellten Flurstücke
Gemarkung: ------ Flur: ------ Flurstück: ------
Flur: ------ Flurstück: ------
Flur: ------ Flurstück: ------
werden bauordnungsrechtlich als ein Baugrundstück beurteilt.

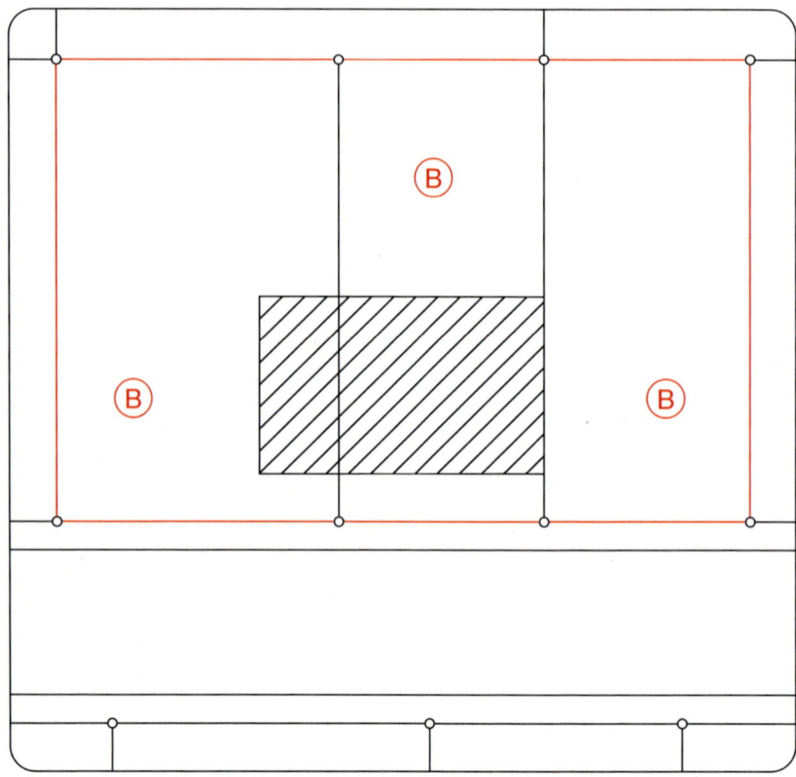

Abb. 14: Vereinigung von Flurstücken zum Baugrundstück

4.4.5 Duldung belästigender Einwirkungen von Nachbarbebauung

Auf dem Grundstück werden zugunsten des Baugrundstückes 82
Gemarkung: ------ Flur: ------ Flurstück: ------
Belästigungen durch Lärm, Geruch und Staub entschädigungslos geduldet, die nach den planungsrechtlichen Festsetzungen dieser Baugrundstücke zulässig sind und unterhalb der Schwelle einer Gesundheitsgefährdung liegen.

Hinweis: Einer Verpflichtung, belästigende Einwirkungen der künftigen Bebauung eines nahegelegenen Gewerbe- und Industriegebietes auf ein Wohnhaus zu dulden, kommt unter dem Gesichtspunkt der bei der Entscheidung über die Zulassung von Bauvorhaben zu beachtenden planungsrechtlichen und immissionsschutzrechtlichen Bestimmungen bauaufsichtliche Relevanz zu. Sie kann demnach Inhalt einer Baulast sein. Die objektiv-rechtliche Zulässigkeit eines nach den einschlägigen planungs- oder immissionsschutzrechtlichen Vorschriften unzulässigen Bauvorhabens kann zwar nicht durch eine Baulast herbeigeführt werden, die die Pflicht zur Duldung von Immissionen zum Gegenstand hat. Eine solche Baulast stellt regelmäßig kein geeignetes Mittel zur Konfliktbewältigung dar. Einer solchen Duldungsbaulast kann jedoch die Bedeutung eines wirksamen Verzichts auf nachbarrechtliche Abwehrrechte gegen Beeinträchtigungen durch eine vorhandene oder zu erwartende emittierende Nutzung in einem benachbarten Plangebiet zukommen. Gegen die Wirksamkeit einer Verpflichtung, erhebliche Belästigungen zu dulden, die sich unterhalb der Schwelle einer Gesundheitsgefährdung bewegen, bestehen folglich unter dem Gesichtspunkt des Art. 2 II GG und des Art. 14 II GG keine rechtlichen Bedenken[11]. Allerdings ist die Baurechtsbehörde aufgrund einer vom Eigentümer des Baugrundstücks für sich und seine Rechtsnachfolger abgegebenen Baulasterklärung, in der er sich zur Duldung der von den Angrenzergrundstücken ausgehenden Immissionen verpflichtet, grundsätzlich nicht gehindert, die für ein Wohnbauvorhaben beantragte Baugenehmigung wegen Verstoßes gegen die öffentlichen Belange der Vermeidung schädlicher Umwelteinwirkungen und der Einhaltung der gebotenen Rücksichtnahme abzulehnen[12].

4.4.6 Naturschutzrechtliche Ausgleichsmaßnahmen

Rechtsgrundlage: § 15 Abs. 2 BNatSchG 83

Hinweis: Die Ausgleichsmaßnahmen müssen im Freiflächenplan dargestellt und genehmigt sein. Ein räumlicher oder landschaftlicher Bezug der Grundstücke ist nicht erforderlich; die Grundstücke können auch in anderen Gemeinden liegen. Der Ausgleich muss von der Naturschutzbehörde anerkannt werden.

Auf dem Flurstück werden zugunsten des Baugrundstückes
Gemarkung: ------ Flur: ------ Flurstück: ------

---

11 Oberverwaltungsgericht des Saarlandes, Urteil vom 18. Juni 2002 – 2 R 2/01 –, juris

12 Verwaltungsgerichtshof Baden-Württemberg, Urteil vom 25. Juli 1995 – 3 S 2123/93 –, juris

die entsprechend der Baugenehmigung Az.: ------ vom: ------ bis zum: ------ auszuführenden naturschutzrechtlichen Ausgleichsmaßnahmen angelegt und unterhalten.

4.4.7 Nutzungsbeschränkung

84 **Hinweis:** Bei der Aufstellung eines Bebauungsplans lässt sich der durch ein – Nebeneinander von allgemeinem Wohngebiet und Gewerbegebiet entstehender Konflikt – durch Übernahme einer Baulast lösen, mit der sich der Eigentümer der im Gewerbegebiet liegenden Grundstücke verpflichtet, die Grundstücke nicht zur Unterbringung von das Wohnen wesentlich störenden Gewerbebetrieben zu nutzen[13].

Der jeweilige Eigentümer des Grundstücks
Gemarkung: ------ Flur: ------ Flurstück:
verpflichtet sich, das vorbezeichnete Grundstück nicht zur Unterbringung von das Wohnen auf den Grundstücken ------ wesentlich störenden Gewerbebetrieben zu nutzen.

4.5 Baulasten zum Abbruch

4.5.1 Abbruchverpflichtung

85 *Rechtsgrundlage: § 61 Abs. 2 HBO oder eine rechtsverbindliche Abbruchverfügung*

Hinweis: Die Baulast kann eingetragen werden, falls ein Altbau erst nach dem Bezug des Neubaus abgebrochen werden soll. Sie ist auch zur Sicherung einer Fristenregelung einer rechtsverbindlichen Abbruchverfügung möglich.

Die in dem beigefügten Auszug aus der Liegenschaftskarte (Kartenauszug mit Ortsvergleich) vermasst dargestellten baulichen Anlagen oder Bauteile werden spätestens bis zum abgebrochen.

13 Verwaltungsgerichtshof Baden-Württemberg, Urteil vom 13. Februar 2004 – 3 S 2548/02 –, juris

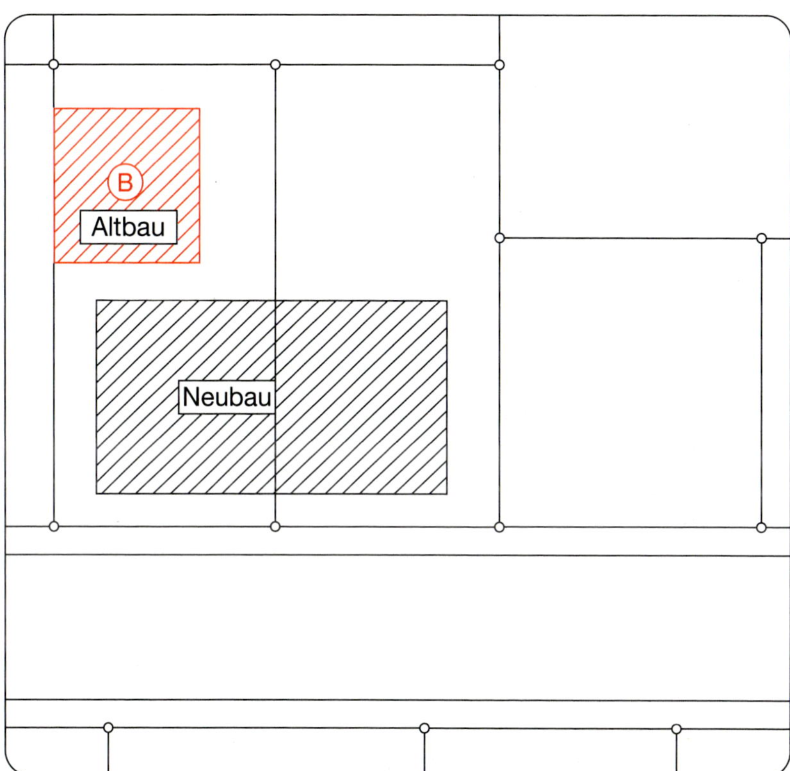

Abb. 15: Verpflichtung zum Abbruch

5. Anlagen

5.1 Antragsvordruck für Baulasterklärungen – Formular

86 Früher gab es als BAB 13 – 05/02 einen bauaufsichtlich eingeführten Antragsvordruck. Der aktuelle Bauvorlagenerlass vom 20.1.2022 enthält kein Formular für eine Baulastenübernahmeerklärung. Wir fügen für Zwecke der Baupraxis ein Muster bei, das sich an dem früher verwendeten Antragsvordruck orientiert und an die geltende Rechtslage angepasst ist. Die Verwendung ist aber mit der zuständigen Bauaufsichtsbehörde abzustimmen.

X	Zutreffendes ankreuzen		**Bitte stark umrandetes Feld nicht ausfüllen!**	
1	**Baulasterklärung** (§ 85 HBO)		Aktenzeichen der Bauaufsichtsbehörde	
			Eingangsstempel der Bauaufsichtsbehörde	
2	**Belastetes Grundstück** (für jedes Flurstück ist eine gesonderte Baulasterklärung auszufüllen)	Gemeinde, Ortsteil		
		Straße, Hausnummer		
		Gemarkung, Flur, Flurstück/e		
		Grundbuch, Band, Blatt		
3	**3.1 Eigentums-, Erbbau- und sonst dinglich Berechtigte**	Name, Vorname		Telefon
		Straße, Hausnummer		Fax
		Postleitzahl, Ort		E-Mail
	3.2	Name, Vorname		Telefon
		Straße, Hausnummer		Fax
		Postleitzahl, Ort		E-Mail
	3.3	Name, Vorname		Telefon
		Straße, Hausnummer		Fax
		Postleitzahl, Ort		E-Mail
	3.4	Name, Vorname		Telefon
		Straße, Hausnummer		Fax
		Postleitzahl, Ort		E-Mail
	3.5	Name, Vorname		Telefon
		Straße, Hausnummer		Fax
		Postleitzahl, Ort		E-Mail
	3.6	Name, Vorname		Telefon
		Straße, Hausnummer		Fax
		Postleitzahl, Ort		E-Mail
4	**Anlagen**	☐ Grundbuchauszug Abt. 1 und 2 vom	☐ Erbschein vom	
		☐ Auflassungsvormerkung vom	☐ Auszug aus Liegenschaftskarte mit Ortsvergleich (6-fach)	
		☐	☐	

Fortsetzung auf Rückseite

Abb. 16

<table>
<tr><td>5</td><td>Inhalt der Baulast / Baulasten
(nach behördlicher Vorgabe)</td><td colspan="3"></td></tr>
<tr><td>6</td><td>Erklärungen</td><td colspan="3">6.1 Wir sind Eigentümer, Erbbau- oder sonst dinglich Berechtigte des im Kasten 2 aufgeführten Grundstücks.
6.2 Wir übernehmen für das im Kasten 2 aufgeführte Grundstück die vorstehenden Baulasten als öffentlich-rechtliche Verpflichtung nach der zurzeit geltenden Hessischen Bauordnung (HBO). Dies gilt auch für Rechtsnachfolger.
6.3 Die Grunddienstbarkeiten und beschränkt persönlichen Dienstbarkeiten sind mit den Baulasten vereinbar.</td></tr>
<tr><td rowspan="3">7</td><td rowspan="3">Unterschriften / Daten
(Beglaubigung erforderlich)</td><td colspan="2">zu 3.1

Unterschrift / Datum</td><td>zu 3.2

Unterschrift / Datum</td></tr>
<tr><td colspan="2">zu 3.3

Unterschrift / Datum</td><td>zu 3.4

Unterschrift / Datum</td></tr>
<tr><td colspan="2">zu 3.5

Unterschrift / Datum</td><td>zu 3.6

Unterschrift / Datum</td></tr>
<tr><td>8</td><td>Beglaubigung</td><td>Die Unterschrift/en ist / sind vor der Bauaufsichtsbehörde, der zur Beglaubigung von Unterschriften befugten nebenstehenden Behörde, dem / der Notar/in oder der Vermessungsstelle geleistet oder anerkannt worden.</td><td>

Unterschrift / Datum</td><td>

Siegel</td></tr>
</table>

Zum Ausfüllen werden folgende Hinweise gegeben:

5.1.1 Erläuterungen

Kasten 1 87
Hier ist die Adresse der örtlich zuständigen unteren Bauaufsichtsbehörde einzutragen. Es ist empfehlenswert, die Baulasterklärungen nicht an Außenstellen zu adressieren und auf einen Empfangsnachweis zu bestehen.

Kasten 2
Hier sind die amtlichen Bezeichnungen des belasteten Flurstückes vollständig und zutreffend anzugeben. Es kann je Baulasterklärung immer nur ein Flurstück angegeben werden; die Eintragung mehrerer Baulasten auf ein Flurstück ist jedoch möglich.

Kasten 3
Die Namen und Adressen aller Grundstückseigentümer (bei Erbengemeinschaften aller Mitglieder, bei Wohnungseigentum aller Teileigentümer) sind hier notfalls auf Beiblättern einzutragen. Alle aufgeführten Eigentümer müssen im Kasten 7 unterschreiben. Die Eintragungen müssen mit dem Grundbuch in Abt. 1 übereinstimmen.

Kasten 4
Die Anlagen zur Baulasterklärung dienen dem Nachweis des Eigentums, der dinglichen Rechte und der konkreten Lage der Baulasten. Hypothekengeber in Abt. III des Grundbuches sind vom Eigentümer eigenverantwortlich zu unterrichten. Der Grundbuchauszug und der Kartenauszug mit Ortsvergleich müssen neueren Datums sein. Die Baulastflächen müssen maßstabsgerecht nach vorgeschriebenem Muster in dem Kartenauszug enthalten sein. Der Ortsvergleich ist auf der Karte entweder vom Katasteramt oder einem öffentlich bestellten Vermessungsingenieur u. U. auch vom bauvorlageberechtigten Entwurfsverfasser zu bestätigen. Bei Unterschriften von Bevollmächtigten sind die Vollmachten beizufügen.

Kasten 5
Hier sind die Baulasten entsprechend den vorgehefteten Mustern einzutragen. Damit wird auch das begünstigte Flurstück bestimmt. Für das begünstigte Flurstück brauchen keine gesonderten Baulasterklärungen abgegeben zu werden. Zusätze privatrechtlichen Inhalts sind unzulässig.

Kasten 7
Mit den Unterschriften übernehmen alle Grundstückseigentümer für sich und ihre Rechtsnachfolger die oben eingetragenen Baulasten und geben die Erklärungen im Kasten 6 ab. Die Unterschriften sind im Original mit urkundensicheren und alterungsbeständigen Stiften auf dem Vordruck oder einem Beiblatt von jedem Eigentümer oder deren Bevollmächtigten abzugeben. Die ordnungsgemäße Bevollmächtigung ist nachzuweisen. Bauvorlageberechtigte Entwurfsverfasser sind im Rahmen ihrer privatrechtlichen Handlungsvollmacht nicht bevollmächtigt, auf öffentlich-rechtlichen Erklärungen ihre Auftraggeber zu vertreten.

Kasten 8
Nach den Landesvorschriften muss hier eine befugte Stelle beglaubigen, dass die Unterschriften tatsächlich von den Eigentümern geleistet wurden. Bauvorlageberechtigte Entwurfsverfasser sind zur Beglaubigung nicht bevollmächtigt.

5.2 Gesetzestexte

88 **Auszug**

Hessische Bauordnung (HBO) vom 28. Mai 2018

§ 4 Bebauung der Grundstücke

(1) [1]Gebäude dürfen nur errichtet werden, wenn gesichert ist, dass ab Beginn ihrer Nutzung das Grundstück in für die Zufahrt und den Einsatz von Feuerlösch- und Rettungsgeräten ausreichender Breite an einer befahrbaren öffentlichen Verkehrsfläche liegt oder eine befahrbare, **öffentlich-rechtlich gesicherte** Zufahrt in ausreichender Breite zu einer solchen Verkehrsfläche hat. [2]Wohnwege, an denen nur Wohngebäude der Gebäudeklassen 1 bis 3 zulässig sind, brauchen nur befahrbar zu sein, wenn sie länger als 50 m sind.

(2) [1]Die Errichtung eines Gebäudes auf mehreren Grundstücken ist nur zulässig, wenn **öffentlich-rechtlich gesichert** ist, dass keine Verhältnisse eintreten können, die den Vorschriften dieses Gesetzes oder den aufgrund dieses Gesetzes erlassenen Vorschriften zuwiderlaufen, und das Gebäude auf den Grundstücken diesen Vorschriften so entspricht, als wären die Grundstücke ein Grundstück. [2]Dies gilt bei bestehenden Gebäuden nicht für eine Außenwand- und Dachdämmung. [3]Satz 2 gilt entsprechend für die mit der Wärmedämmung zusammenhängenden notwendigen Änderungen von Bauteilen. [4]Eine nach Satz 2 zulässige Überbauung ändert die Abstandsfläche des Gebäudes nicht.

§ 5 Zugänge und Zufahrten auf den Grundstücken

(1) [1]Von öffentlichen Verkehrsflächen ist insbesondere für die Feuerwehr ein geradliniger Zu- oder Durchgang zu rückwärtigen Gebäuden zu schaffen; zu anderen Gebäuden ist er zu schaffen, wenn der zweite Rettungsweg dieser Gebäude über Rettungsgeräte der Feuerwehr führt. [2]Zu Gebäuden, bei denen die Oberkante der Brüstung von zum Anleitern bestimmten Fenstern oder Stellen mehr als 8 m über der Geländeoberfläche liegt, ist in den Fällen des Satzes 1 anstelle eines Zu- oder Durchganges eine Zu- oder Durchfahrt zu schaffen. [3]Ist für die Personenrettung der Einsatz von Hubrettungsfahrzeugen erforderlich, sind die dafür erforderlichen Aufstell- und Bewegungsflächen herzustellen. [4]Bei Gebäuden, die ganz oder mit Teilen mehr als 50 m von einer öffentlichen Verkehrsfläche entfernt sind, sind Zufahrten oder Durchfahrten nach Satz 2 zu den vor und hinter den Gebäuden gelegenen Grundstücksteilen und Bewegungsflächen herzustellen, wenn sie aus Gründen des Feuerwehreinsatzes erforderlich sind. 5Soweit erforderliche Flächen nicht auf dem Grundstück liegen, müssen sie **öffentlich-rechtlich gesichert** sein.

§ 6 Abstandsflächen und Abstände

(1) [1]Vor den oberirdischen Außenwänden von Gebäuden sind Flächen von oberirdischen Gebäuden freizuhalten (Abstandsflächen). [2]Abstandsflächen sind nicht erforderlich vor Außenwänden, die an Nachbargrenzen errichtet werden, wenn nach planungsrechtlichen Vorschriften

1. das Gebäude an die Grenze gebaut werden muss oder
2. das Gebäude an die Grenze gebaut werden darf und **öffentlich-rechtlich gesichert** ist, dass vom Nachbargrundstück angebaut wird.

[3]Darf nach planungsrechtlichen Vorschriften nicht an die Nachbargrenze gebaut werden, ist aber auf dem Nachbargrundstück ein Gebäude an der Grenze vorhanden, kann gestattet oder verlangt werden, dass angebaut wird. [4]Muss nach planungsrechtlichen Vorschriften an die Nachbargrenze gebaut werden, ist aber auf dem Nachbargrundstück ein Gebäude mit Abstand zu dieser Grenze vorhanden, kann gestattet oder verlangt werden, dass eine Abstandsfläche eingehalten wird. [5]Nachbargrenzen sind Grundstücksgrenzen zu benachbarten Grundstücken, die mit Gebäuden bebaut sind oder für eine Bebauung mit Gebäuden in Betracht kommen. [6]Der Anbau an andere Gebäude muss, soweit dies städtebaulich vertretbar ist, nicht deckungsgleich sein. [7]Soweit Gebäude nicht durch Außenwände abgeschlossen sind, tritt an deren Stelle eine gedachte, auf die Vorderkanten der umgebenden Bauteile bezogene Abschlussfläche.

(2) [1]Die Abstandsflächen müssen auf dem Grundstück selbst liegen. [2]Sie dürfen
1. auch auf öffentlichen Verkehrsflächen, öffentlichen Grünflächen und öffentlichen Wasserflächen liegen, jedoch nur bis zu deren Mitte,
2. sich ganz oder teilweise auf andere Grundstücke erstrecken, wenn **öffentlich-rechtlich gesichert** ist, dass sie nicht überbaut und auf die auf diesen Grundstücken erforderlichen Abstandsflächen und Abstände nicht angerechnet werden.

§ 8 Grundstücksfreiflächen, Kinderspielplätze

(1) [1]Die nicht überbauten Flächen der bebauten Grundstücke sind
1. wasserdurchlässig zu belassen oder herzustellen und
2. zu begrünen oder zu bepflanzen,

soweit sie nicht für eine andere zulässige Verwendung benötigt werden. [2]Satz 1 findet keine Anwendung, soweit Bebauungspläne oder andere Satzungen Festsetzungen zu den nicht überbauten Flächen treffen.

(2) [1]Werden mehr als drei Wohnungen errichtet, ist auf dem Baugrundstück oder **öffentlich-rechtlich gesichert** in unmittelbarer Nähe ein Spielplatz für Kleinkinder (bis zu sechs Jahren) anzulegen, zu unterhalten und in die Bepflanzung der nicht überbauten Flächen einzubeziehen. [2]Seiner Herstellung bedarf es nicht, wenn
1. ein für Kleinkinder geeigneter, auch für das Baugrundstück bestimmter **öffentlich-rechtlich gesicherter** Spielplatz oder ein öffentlicher Spielplatz in unmittelbarer Nähe geschaffen wird oder vorhanden ist oder
2. die Art oder Lage der Wohnungen einen Kinderspielplatz nicht erfordert.

[3]Der Spielplatz auf dem Baugrundstück muss vom Wohngebäudeeingang aus schwellenlos erreichbar sein, sofern dies nicht mit einem unverhältnismäßigen Mehraufwand verbunden oder aus bautechnischen Gründen nicht möglich ist.

§ 12 Standsicherheit

(1) 1Jede Anlage muss, auch unter Berücksichtigung der Baugrund- und Grundwasserverhältnisse, im Ganzen, in ihren einzelnen Teilen und für sich allein standsicher sein. 2Die Standsicherheit anderer Anlagen und die Tragfähigkeit des Baugrundes des Nachbargrundstücks dürfen nicht gefährdet werden.

(2) Die Verwendung gemeinsamer Bauteile für mehrere Anlagen ist zulässig, wenn **öffentlich-rechtlich** und technisch **gesichert** ist, dass die gemeinsamen Bauteile beim Abbruch einer der Anlagen stehen bleiben können.

§ 33 Brandwände

(1) Brandwände müssen als raumabschließende Bauteile zum Abschluss von Gebäuden (Gebäudeabschlusswand) oder zur Unterteilung von Gebäuden in Brandabschnitte (innere Brandwand) ausreichend lang die Brandausbreitung auf andere Gebäude oder Brandabschnitte verhindern.

(2) Brandwände sind erforderlich

1. als Gebäudeabschlusswand, ausgenommen von Gebäuden ohne Aufenthaltsräume und ohne Feuerstätten mit nicht mehr als 50 m^3 Brutto-Rauminhalt, wenn diese Abschlusswände an oder mit einem Abstand von weniger als 2,50 m gegenüber der Grundstücksgrenze errichtet werden, es sei denn, dass ein Abstand von mindestens 5 m zu bestehenden oder nach den baurechtlichen Vorschriften zulässigen künftigen Gebäuden **öffentlich-rechtlich gesichert** ist,
2. als innere Brandwand zur Unterteilung ausgedehnter Gebäude in Abständen von nicht mehr als 40 m,
3. als innere Brandwand zur Unterteilung landwirtschaftlich genutzter Gebäude in Brandabschnitte von nicht mehr als 10 000 m^3 Brutto-Rauminhalt,
4. als Gebäudeabschlusswand zwischen Wohngebäuden und angebauten landwirtschaftlich genutzten Gebäuden sowie als innere Brandwand zwischen dem Wohnteil und dem landwirtschaftlich genutzten Teil eines Gebäudes.

§ 85 Baulasten, Baulastenverzeichnis

(1) [1]Durch Erklärung gegenüber der Bauaufsichtsbehörde können die Eigentumsberechtigten öffentlich-rechtliche Verpflichtungen zu einem ihre Grundstücke betreffenden Tun, Dulden oder Unterlassen übernehmen, die sich nicht schon aus öffentlich-rechtlichen Vorschriften ergeben (**Baulasten**). [2]Baulasten werden unbeschadet der Rechte Dritter mit der Eintragung in das Baulastenverzeichnis wirksam; sie wirken auch gegenüber Rechtsnachfolgern.

(2) [1]Die Erklärung nach Abs. 1 bedarf der Schriftform. [2]Die Unterschrift muss öffentlich beglaubigt oder von einer Behörde oder Person nach § 15 Abs. 2 des Hessischen Vermessungs- und Geoinformationsgesetzes vom 6. September 2007 (GVBl. I S. 548), zuletzt geändert durch Gesetz vom 27. September 2012 (GVBl. S. 290), beglaubigt sein, wenn sie nicht vor der Bauaufsichtsbehörde geleistet oder vor ihr anerkannt wird; dies gilt nicht für Träger öffentlicher Verwaltung.

(3) [1]Die Baulast geht durch Verzicht der Bauaufsichtsbehörde unter. [2]Der Verzicht ist zu erklären, wenn ein öffentliches Interesse an der Baulast nicht mehr besteht. [3]Vor dem Verzicht sollen durch die Baulast Verpflichtete und Begünstigte gehört werden. [4]Der Verzicht wird mit der Löschung der Baulast im Baulastenverzeichnis wirksam. [5]Die Löschung ist den Beteiligten mitzuteilen.

(4) [1]Das Baulastenverzeichnis wird von der Bauaufsichtsbehörde oder von der durch Rechtsverordnung bestimmten Stelle geführt. [2]In das Baulastenverzeichnis können auch

1. andere baurechtliche Verpflichtungen der Eigentumsberechtigten zu einem das Grundstück betreffenden Tun, Dulden oder Unterlassen, soweit ein öffentliches Interesse an der Eintragung besteht, und
2. Auflagen, Bedingungen, Befristungen und Widerrufsvorbehalte eingetragen werden.

(5) [1]Wer ein berechtigtes Interesse darlegt, kann in das Baulastenverzeichnis Einsicht nehmen oder Auszüge fordern. [2]Angaben darüber, welche Flächen von Bau-

lasten betroffen sind, können über geeignete, öffentlich verfügbare elektronische Kommunikationsmittel bereitgestellt werden.

5.3 Kommentierung zu § 85 HBO

5.3.1 Allgemein

§ 85 bestimmt unter welchen materiellen und formellen Voraussetzungen eine Baulast entsteht und erlischt. Die Baulast ist ein Rechtsinstitut des Bauordnungsrechts (BVerwG, Beschl. v. 29.10.1992, BRS 54 Nr. 157, Beschl. v. 4.10.1994, BRS 56 Nr. 114). **Sinn und Zweck** der Baulast ist es, die Einhaltung des materiellen öffentlichen Baurechts auf Dauer zu sichern. I. d. R. dient sie dazu, die tatbestandlichen Voraussetzungen für eine positive bauaufsichtliche Entscheidung über eine bauliche Nutzung (Baugenehmigung, Nutzungsänderungsgenehmigung, Bauvorbescheid, sog. „isolierte" Abweichungs-, Ausnahme- oder Befreiungsentscheidung), die aufgrund der vorgegebenen Grundstückssituation nicht vorliegen würden, zu schaffen und dauerhaft zu sichern. Mit ihrer Hilfe wird häufig die Erteilung einer bauaufsichtlichen Abweichung, Ausnahme oder Befreiung (vgl. Nr. 63) entweder unnötig oder erst möglich, jedenfalls ein rechtliches Hindernis für ein Vorhaben beseitigt. Letzteres gilt auch in Fällen, in denen es keiner bauaufsichtlichen Entscheidung bedarf (vgl. insbes. § 64), ein gesetzlich bestimmter Zulässigkeitstatbestand aber von einer öffentlich-rechtlichen Sicherung (vgl. § 2 Abs. 15) abhängt (vgl. z. B. § 5 Abs. 1 Satz 5, § 6 Abs. 1 Satz 2 Nr. 2, § 6 Abs. 2 Nr. 2, § 8 Abs. 2 Satz 1). 89

Die **Bedeutung** der Baulast liegt in ihrer öffentlich-rechtlichen Wirkung. Die Sicherung baurechtmäßiger Zustände lässt sich zivilrechtlich nicht oder nur unvollkommen verwirklichen. Privatrechtliche Vereinbarungen können, ohne dass die Bauaufsichtsbehörde darauf Einfluss nehmen kann, geändert oder aufgehoben werden, so dass auch etwaige dingliche Sicherungen zivilrechtlicher Natur insoweit unwirksam sind. Die Baulast ist dagegen der Verfügungsbefugnis der beteiligten Grundstückseigentümer entzogen (vgl. Nr. 85.3). Der verpflichtete Grundstückseigentümer kann unmittelbar aus der Baulast durch Ordnungsverfügung in Anspruch genommen werden. Sie ist damit auch ein Mittel für die Bauaufsichtsbehörde, um baurechtswidrige Zustände zu verhindern (vgl. Hess. VGH, Beschl. v. 4.6.1992, BRS 54 Nr. 161 = NVwZ-RR 1993, 236 mit Bezug auf BVerwG, Beschl. v. 27.9.1990, BRS 50 Nr. 109; OVG NW, Urt. v. 28.1.1997, BRS 59 Nr. 229). 90

5.3.2 Baulast

Abs. 1 Satz 1 enthält die **Begriffsbestimmung** für die **Baulast**. Daraus ergeben sich folgende Anforderungen: 91

Inhalt der Baulast 92
Das Rechtsinstitut der Baulast ist **inhaltlich** gekennzeichnet durch
- den öffentlich-rechtlichen Charakter der übernommenen Verpflichtung,
- ihre Grundstücksbezogenheit,
- ihre baurechtliche Bedeutung und Vorhabenbezogenheit,
- ihre Subsidiarität gegenüber öffentlich-rechtlich bereits geregelten Verpflichtungen.

93 **Baulastfähig** sind nur **öffentlich-rechtliche Verpflichtungen**, d. h. der Gegenstand der Baulasterklärung muss dem öffentlichen Recht angehören. Nicht baulastfähig sind somit alle Verpflichtungen privatrechtlicher Natur, z. B. zur Freihaltung der Aussicht oder um bestimmte Einwirkungen auf ein Grundstück entschädigungslos hinzunehmen. Ein Anspruch auf Löschung der Baulast besteht nach § 75 Abs. 3 Satz 1 HBO 2010 dann, wenn der Verzicht auf die Baulast durch die Bauaufsichtsbehörde zu erklären ist. Dies ist bei fehlender Baulastfähigkeit und/oder Baulastbedürftigkeit der Fall (vgl. Hess. VGH, Beschluss vom 4.6.1992 – 4 TG 2815/91; VG Gießen, Urteil vom 13.12.1999 – 1 E 1551/98). Die Baulastbedürftigkeit fehlt und der Verzicht ist nach § 75 Abs. 3 Satz 2 HBO 2010 zu erklären, wenn ein öffentliches Interesse an der Baulast nicht mehr besteht. Der Verzicht ist zudem zu erklären, wenn die Voraussetzungen für die Eintragung der Baulast nach § 75 Abs. 1 HBO 2010 nicht bestanden haben (Baulastfähigkeit). Baulastfähigkeit bedeutet, dass die Eigentumsberechtigten eine öffentlich-rechtliche Verpflichtung zu einem ihr Grundstück betreffenden Tun, Dulden oder Unterlassen übernehmen, die sich nicht schon aus öffentlich-rechtlichen Vorschriften ergibt (VG Frankfurt, Urteil vom 30.8.2012 – 8 K 1927/12.F – juris).

94 Die Baulasterklärung muss **grundstücksbezogen** sein, d. h. es muss sich um eine öffentlich-rechtliche Verpflichtung handeln, die sich auf ein konkretes Grundstück bezieht und den Grundstückseigentümer in seiner Eigentümerposition einschränkt. Hieraus ergibt sich, dass Belastungsgegenstand immer ein Grundstück zu sein hat. Dies darf nicht mit der Frage verwechselt werden, ob eine Baulast zum Zweck der Zulassung eines konkreten Bauvorhabens bestellt wurde oder ob mit der Baulast unabhängig von einem konkreten Bauvorhaben jedwede Bebauung auf dem begünstigten Grundstück von der Baulast profitieren soll. Bei dieser Differenzierung spricht man auch von der Grundstücks- vs. Vorhabenbezogenheit der Baulast (dazu Rn. 13). Nach dem Wortlaut des Satz 1 kann sie nur vom **Eigentümer des Grundstücks, auf dem die Baulast ruhen soll**, übernommen werden. Soll Gegenstand der Baulast z. B. ein bestimmtes „Tun" sein, können somit durch Baulast nur Verpflichtungen zu Handlungen abgesichert werden, die auf dem eigenen (zu belastenden) Grundstück vorgenommen werden. Verpflichtungen zu Handlungen auf dem Grundstück eines anderen Eigentümers, z. B. bestimmte Anlagen oder Einrichtungen herzustellen und zu unterhalten, können nicht durch Baulast begründet werden. Das zu belastende Grundstück muss zudem die Last aufnehmen können, d. h. die **Verpflichtung muss** auch **tatsächlich möglich** sein. So muss z. B. bei Übernahme einer Abstandsfläche die entsprechende Grundstücksfläche tatsächlich unbebaut sein, wobei Vorschriften, nach denen eine Überbauung zulässig ist oder ausnahmsweise zugelassen werden kann, unberührt bleiben.
Der Begriff „Grundstück" ist weit auszulegen; er erfasst auch einzelne Grundstücksteile sowie dessen wesentliche Bestandteile, wie Gebäude. In der Praxis wird die Baulast i. d. R. zugunsten eines anderen Grundstücks, meist des Nachbargrundstücks übernommen. Begriffserforderlich ist dies aber nicht. Eine Baulast kann auch auf einem Grundstücksteil zugunsten eines anderen (nicht abgeteilten) Grundstücksteils übernommen werden (sog. **Eigentümerbaulast**; vgl. OVG NW, Urt. v. 30.11.1989, BRS 49 Nr. 130).

Die Verpflichtung muss ferner von **baurechtlicher Bedeutung** sein. Dies ergibt sich zwar nicht unmittelbar aus Abs. 1 Satz 1, folgt jedoch aus der normativen Regelung und deren Stellung innerhalb der HBO, aus der Pflicht zur Abgabe der Übernahmeerklärung gegenüber der Bauaufsichtsbehörde und aus der Bezeichnung der Verpflichtung als „Baulast", die sie als Rechtsinstitut des Bauordnungsrechts ausweist (vgl. Nr. 85). Als solches setzt die Baulast einen Zusammenhang mit einem **baurechtlich relevanten** Tun, Dulden oder Unterlassen voraus. Sie eröffnet nicht generell die Möglichkeit, in öffentlich-rechtlicher Form Verpflichtungen auch dann zu übernehmen, wenn hierfür unter baurechtlichen Aspekten kein auch nur entferntes Bedürfnis erkennbar ist (BVerwG, Beschl. v. 4.10.1994, BRS 56 Nr. 114 = BauR 1995, 225). Die baurechtliche Bedeutsamkeit beschränkt sich nicht auf die Vorschriften des Bauordnungsrechts, sie erfasst alle öffentlich-rechtlichen Vorschriften, für deren Einhaltung die Bauaufsichtsbehörde zu sorgen hat (vgl. Nr. 61.2 zu Satz 1). Dabei gilt generell, dass nur **baurechtlich zulässige Verpflichtungen** abgesichert werden können. Eine Baulasterklärung, die für ein Baugebiet von 24 Grundstücken Bauordnungsrecht ohne nähere Einschränkung aussetzt, verstößt gegen ein gesetzliches Verbot und ist daher unwirksam (Hess. VGH, Beschluss vom 1.12.2015 – 3 A 55/15.Z – juris). Das öffentliche Interesse an einer Baulast besteht auch dann, wenn bei baurechtswidrigen Zuständen durch eine Baulast nachträglich die Rechtmäßigkeit wieder hergestellt werden kann (VG Frankfurt, Urteil vom 30.8.2012 – 8 K 1927/12.F – juris). 95

Im Bereich des **Bauordnungsrechts** ergeben sich einige Hauptanwendungsfälle für Baulasten aus der HBO selbst, nämlich eine 96

- Zufahrtsbaulast (§ 4 Abs. 1 Satz 1 Alt. 2, § 5 Abs. 1 Satz 5),
- Überbauungsbaulast/Vereinigungsbaulast (§ 4 Abs. 2),
- Anbaubaulast (§ 6 Abs. 1 Satz 2 Nr. 2),
- Abstandsflächenbaulast (§ 6 Abs. 2 Satz 2 Nr. 2),
- Spielplatzbaulast (§ 8 Abs. 2 Satz 1),
- Bauteilerhaltungsbaulast (§ 12 Abs. 2),
- Abstandsbaulast (§ 33 Abs. 2 Satz 1 Nr. 1 i. V. m. Satz 2).

Die **Vereinigungsbaulast** wirft hinsichtlich ihrer Zulässigkeit und rechtlichen Wirkungen vielfältige Fragen auf und bedarf daher bei ihrer Verwendung sorgfältiger Prüfung und Gestaltung. Ziff. 4.2.1 der HE-HBO 2014 führt hierzu aus: *„Als öffentlich-rechtliche Sicherung (§ 2 Abs. 14) kommt die Eintragung einer Vereinigungsbaulast in Frage. Sie bewirkt, dass das Gebäude nur noch zu dem durch die Vereinigungsbaulast geschaffenen Grundstück in öffentlich-rechtliche Beziehung tritt, nicht aber zu den einzelnen Buchgrundstücken (vgl. § 75 Abs. 1)."* In den HE-HBO 2014, deren Überarbeitung bevorsteht, ist jedoch auch der Hinweis enthalten: *„Soweit mit der Eintragung einer Vereinigungsbaulast das Entstehen rechtswidriger Verhältnisse vermieden wird, bedarf es daneben keiner bauordnungsrechtlichen Abweichungsentscheidung der Bauaufsichtsbehörde. Vereinigungsbaulasten sind bei Neubauten nicht geeignet, die Brandschutzvorschriften zu umgehen. Bei Bestandsgebäuden ist regelmäßig eine Einzelfallprüfung erforderlich."* Der bauplanungsrechtliche Grundstücksbegriff kann durch (landesrechtliche) Baulasten nicht verändert werden. Durch die Bestellung von Baulasten können im Einzelfall die tatsächlichen Voraussetzungen für die Genehmigung einer Grundstücksteilung im Wege der Befreiung nach § 31 Abs. 2

BauGB geschaffen werden, wenn grundstücksbezogene Besonderheiten vorliegen. Ein in diesem Sinne atypischer Sachverhalt wird allerdings nicht schon durch die Bestellung der Baulast begründet. (BVerwG, Urteil vom 14. Februar 1991 – 4 C 51/87 –, juris) *„Eine solche Vereinigungsbaulast hat zur Folge, dass ein Grundstück aus Sicht des Baurechts auch nach seiner Teilung weiterhin als ein Grundstück zu behandeln ist. Die Buchgrundstücksgrenzen sind dann öffentlich-rechtlich grundsätzlich unbeachtlich, weil Inhalt der Baulast ist, dass beide Grundstücke so behandelt werden, als wären sie ein Grundstück, vgl. § 4 Abs. 2 BauO NRW.“* (VG Aachen, Urteil vom 27. Juli 2005 – 3 K 4263/04 –, Rn. 17, juris). Nach VG Düsseldorf, Urteil vom 20.8.2009 – 4 K 1769/09 -, juris, schafft die Vereinigungsbaulast die Voraussetzungen für die Durchbrechung einer als Brandwand ausgebildeten Gebäudeabschlusswand. In Übereinstimmung mit Ziff. 4.2.1 HE-HBO 2014 darf jedoch gerade bei Abweichungen von brandschutzrechtlichen Vorgaben keine unreflektierte Verwendung der Vereinigungsbaulast erfolgen, sondern es müssen zumindest daneben brandschutztechnische Kompensationsmöglichkeiten geprüft werden. Aufgrund der Vielzahl wechselseitiger Abhängigkeiten zwischen den mit einer Vereinigungsbaulast belasteten Einzelgrundstücken empfiehlt sich in vielen Fällen der Abschluss einer Vereinbarung zwischen den betroffenen Grundstückseigentümern, um die gegenseitigen Verantwortlichkeiten zu regeln.

97 Daneben können aber auch Baulasten zur Sicherung aller anderen bauordnungsrechtlichen Anforderungen begründet werden, soweit der Grundsatz der Subsidiarität nicht entgegensteht, z. B. zur Sicherung von Wegerechten oder von Wasserversorgungs- und Abwasseranlagen (vgl. OVG Berlin, Urt. v. 8.9.1995, BRS 57 Nr. 203) oder zur Vorhaltung von Stellplätzen. Werden Flächen als Rettungswege in Anspruch genommen, die nicht auf dem Grundstück liegen, müssen diese öffentlich-rechtlich gesichert sein, was unter anderem durch Begründung einer Baulast, aus der sich der Sicherungszweck zwingend ergibt, möglich ist (VGH Kassel, Beschluss vom 16.7.2018 – 3 A 1444/16 – juris).

98 In ständiger Rechtsprechung ist anerkannt, dass Baulasten grundsätzlich auch zu Verpflichtungen nach **Bauplanungsrecht** begründet werden können (BVerwG, Urt. v. 14.2.1991, BRS 52 Nr. 161). Insoweit kommen Baulasten in allen Fällen in Betracht, in denen das Gesetz oder die Rechtsprechung eine rechtliche Sicherung der Nutzung als Voraussetzung für die positive bauaufsichtliche Entscheidung, insbes. die Baugenehmigung, oder für die materielle bauplanungsrechtliche Zulässigkeit verlangt oder empfiehlt (vgl. BVerwG, Urt. v. 14.2.1991, a. a. O.), z. B. zur Sicherung der Zusammengehörigkeit eines Wohnhauses mit einem Betriebsgrundstück oder eines Altenteilerhauses mit dem Hofgrundstück (OVG Lüneburg, Urt. v. 22.10.1992, BRS 54 Nr. 159), zur Sicherung der Erschließung (BVerwG, Urt. v. 31.10.1990, BRS 50 Nr. 86) oder zur Beschränkung auf eine bestimmte Bebauung (OVG Lüneburg, Urt. v. 31.3.1995, BRS 57 Nr. 92). Auch die Rückbauverpflichtung nach § 35 Abs. 5 S. 3 BauGB kann durch Baulast abgesichert werden (VG Wiesbaden, Urteil vom 3.6.2022 – 4 K 767/17.WI). Zu beachten ist, dass eine Baulast regelmäßig **nur zur Sicherung** bauplanungsrechtlicher Voraussetzungen, nicht aber zu deren Modifizierung eingesetzt werden darf. Eine Baulast ist entsprechend ihrem Zweck als Instrument der landesrechtlichen Bauaufsicht und mit Blick auf die Kompetenzabgrenzung zum bundesrechtlichen

Städtebaurecht auszulegen. Sie kann planungsrechtliche Vorgaben absichern, ist aber kein Mittel, planungsrechtliche Vorschriften oder Festsetzungen zu verdrängen, aufzuheben oder zu verändern. Baulasten mit „bebauungsplanersetzender" Wirkung unter Umgehung der planungsrechtlichen Verfahrensvorschriften zur Öffentlichkeitsbeteiligung sind daher unwirksam. (Verwaltungsgerichtshof Baden-Württemberg, Urteil vom 02. September 2009 – 3 S 1773/07 –, juris) So kann auch der bauplanungsrechtliche Grundstücksbegriff durch landesrechtliche Baulast nicht verändert werden. Eine Zusammenfassung mehrerer Grundstücke durch eine Baulast kennt das Bundesrecht nicht; bundesrechtliche Baulasten gibt es nicht. Hierdurch wird u. a. die Möglichkeit für eine **Vereinigungsbaulast** eingeschränkt, aber nicht ausgeschlossen (s. o.). Durch Vereinigungsbaulast können die tatsächlichen Voraussetzungen für eine Befreiung geschaffen werden, z. B. im Fall des § 31 Abs. 2 Nr. 2 BauGB, wenn es um die städtebauliche Vertretbarkeit geht. Die Baulast kann aber nicht zum Instrument der Veränderung der tatsächlichen Grundlagen der Grundstückssituation genutzt werden, auf die dann die planungsrechtlichen Regelungen angewendet werden müssten (vgl. BVerwG, Urt. v. 14.2.1991, a. a. O.; Hess. VGH, Beschl. v. 4.1.2007, BauR 2008, S. 83). So darf z. B. eine Baulast nicht an die Stelle einer bauplanungsrechtlichen Festsetzung treten (VGH BW, Urt. v. 25.4.1974, BRS 28 Nr. 123), die durch § 34 BauGB eröffnete Bebaubarkeit kann nicht durch Baulast ausgeschlossen werden (OVG Lüneburg, Urt. v. 31.3.1995, a. a. O.), eine angemessene städtebauliche Ordnung steht nicht zur Disposition privater Rechtsträger (Hess. VGH, Beschl. v. 16.3.1995, BRS 57 Nr. 216). Insgesamt stellt die Baulast kein Rechtsinstitut dar, das planungsrechtliche Vorschriften oder Festsetzungen verdrängen, aufheben oder ändern könnte. Eine zur Herbeiführung der Genehmigungsfähigkeit eines Bauvorhabens übernommene Flächenbaulast ist nicht deshalb unwirksam, weil trotz der Einbeziehung der mit ihr belasteten Fläche die maßgebliche Grundstücksfläche nicht erreicht ist, die bei rechnerischer Betrachtung für die Einhaltung der Geschossflächenzahl durch das Vorhaben erforderlich wäre. (Verwaltungsgerichtshof Baden-Württemberg, Urteil vom 31. Oktober 2002 – 8 S 1560/02 –, juris)

Eine Baulasterklärung, dass „die Flurstücke x und y bauordnungsrechtlich so beur- **99**
teilt werden, als wenn sie zusammen ein Baugrundstück darstellten", kann bereits wegen des eindeutigen, auf das Bauordnungsrecht Bezug nehmenden Wortlautes, aber auch deswegen nicht in dem Sinne interpretiert werden, dass die Flurstücke bauplanungsrechtlich als ein Baugrundstück zu werten sind, weil damit an die Stelle des Buchgrundstücks als des bauplanungsrechtlich maßgeblichen Begriffs des Baugrundstücks ein durch die (**Vereinigungs-**)**Baulast** verändertes Grundstück treten würde (Hess. VGH, Beschl. vom 4.1.2007, 3 G 1194/06 – juris). Baulastfähig ist nur der Verzicht auf die Geltendmachung nachbarlicher Abwehrrechte, soweit diese disponibel sind. Hierzu gehört das bauordnungsrechtliche Abstandsflächenrecht nicht voraussetzungslos, insbesondere nicht hinsichtlich brandschutzrechtlicher Vorgaben (Hess. VGH, Beschluss vom 1.12.2015 – 3 A 55/15.Z – juris). In dem vom Hess. VGH entschiedenen Fall sollten 24 Grundstücke durch sogenannte Vereinigungsbaulast zusammengefasst werden.

Möglich ist ferner, Verpflichtungen aus dem **sonstigen Bereich des öffentli-** **100**
chen Baurechts (vgl. Nr. 61.2) durch Baulast zu übernehmen, soweit es um

die Sicherung der Einhaltung bestimmter rechtlicher Voraussetzungen für die Zulassung oder materielle Zulässigkeit von Vorhaben geht. **Öffentliche Belange**, wie die Vermeidung schädlicher Umwelteinwirkungen oder die gebotene Rücksichtnahme, können dabei grundsätzlich nicht Gegenstand privater Verzichtserklärungen sein (BVerwG, Urt. v. 28.4.1978, BRS 33 Nr. 66; VGH BW, Urt. v. 25.7.1995, BRS 57 Nr. 74). So stellt auch ein durch Baulast gesicherter nachbarlicher Verzicht auf Abwehransprüche gegen Emissionen eines landwirtschaftlichen Betriebs grundsätzlich kein taugliches Mittel zur Konfliktbewältigung dar (Hess. VGH, Beschl. v. 16.3.1995, a. a. O.).

101 Die Baulast ist regelmäßig **vorhabenbezogen** (OVG NW, Urt. v. 15.5.1992, BRS 54 Nr. 158). Entscheidend ist für diese Frage eine Auslegung der Baulastenerklärung. Eine Baulast, die für ein konkretes Bauvorhaben übernommen wird, bezieht sich nur auf dieses Vorhaben und ist in ihrer Wirkung auf dieses Vorhaben beschränkt (VG Frankfurt, Beschluss vom 23.5.2003 – 6 G 1730/03 – juris). Sie muss daher im Zusammenhang mit einer konkreten bauaufsichtlichen Entscheidung (z. B. Baugenehmigung, Bauvorbescheid, „isolierte" Abweichung, Ausnahme oder Befreiung) stehen oder der Erfüllung materieller gesetzlicher Zulässigkeitstatbestände dienen. In Bezug auf ein baugenehmigungspflichtiges Vorhaben bedeutet das zwar nicht, dass ein Bauantrag bereits gestellt sein muss, i. d. R. müssen aber hinreichend konkrete Bauabsichten vorliegen, das Bauvorhaben unmittelbar (OVG NW, Beschl. v. 10.10.1997, BRS 59 Nr. 228) oder doch in absehbarer Zukunft vor der Verwirklichung stehen. Eine Baulasterklärung muss, um dem Bestimmtheitserfordernis zu genügen, im Regelfall auf ein konkretes Bauvorhaben oder zumindest auf einen konkreten Anlass oder ein konkretes Vorhaben bezogen sein (Hess. VGH, Beschluss vom 1.12.2015 – 3 A 55/15.Z – juris). Durch Baulast können regelmäßig nur die Rechtspositionen gesichert werden, deren Bestehen für die baurechtliche Entscheidung oder materiell-rechtliche Zulässigkeit im konkreten Einzelfall bedeutsam sind.
Sogenannte **„Baulasten auf Vorrat"** sind jedoch nicht ausgeschlossen.
Eine Baulast kann auch auf Vorrat ohne konkreten Anlass übernommen werden. Voraussetzung ist, dass nicht ausgeschlossen sein darf, dass die Baulast in naher Zukunft baurechtliche Bedeutung gewinnen kann (VGH BW, Urteil vom 1.10.2004, Az: 3 S 1743/03, BRS 69 Nr. 138 (2005)).

102 Eine eingetragene Baulast ist nicht notwendigerweise auf ein konkretes Bauvorhaben beschränkt, sondern kann auch auf nachfolgende Bauanträge Bindungswirkung haben, soweit die Baulast entsprechende Sachverhalte regelt. Insofern können auch bestehende Baulasten eine **„Vorratswirkung"** entfalten.
So entschieden vom VGH BW in seinem Urteil vom 27.10.2000, Az.: 8 S 1445/00 Rdnr. 48 (BauR 2001, 759–763): *„Das Verwaltungsgericht begründet seine Ansicht damit, dass es Sinn und Zweck einer Baulast sei, ein bestimmtes, öffentlich-rechtlichen Vorschriften widersprechendes Bauvorhaben genehmigungsfähig zu machen, weshalb sie ihrem Wesen nach immer auf ein bestimmtes Bauvorhaben bezogen sei. Das trifft nicht zu. Eine Baulast wird allerdings vielfach aus Anlass eines bestimmten Bauvorhabens übernommen werden, um einen dessen Genehmigung entgegenstehenden Verstoß gegen eine baurechtliche Vorschrift auszuräumen. Das muss jedoch keineswegs immer so sein. Vielmehr kann eine Baulast auch ohne einen konkreten Anlass bestellt werden. Aber*

selbst in den Fällen, in denen ein Zusammenhang zwischen der Übernahme einer Baulast und einem bestimmten Bauvorhaben besteht, kann daraus nicht gefolgert werden, dass die Baulast nur auf das betreffende Bauvorhaben bezogen und in ihrer Wirkung auf dieses beschränkt ist. Eine Baulast ist vielmehr ihrem Wesen nach genereller Natur. So enthält die hier von dem Nachbarn des Klägers übernommene Baulast die Verpflichtung, einen bestimmten Teil seines Grundstücks unüberbaut zu lassen, was zur Folge hat, dass der betreffende Teil des Grundstücks für die Berechnung der Abstandsfläche als Teil des Baugrundstücks zu betrachten ist. Durch die Genehmigung eines bestimmten Bauvorhabens wird diese Wirkung nicht gewissermaßen "verbraucht", sondern ist, solange die Baulast fortgilt, in der gleichen Weise auch bei späteren Bauvorhaben – etwa der Erweiterung des in der Folgezeit errichteten Gebäudes oder dessen Ersetzung durch einen Neubau – zu beachten.“
Mit Beschluss vom 24.1.2011 – 8 S 545/10 – juris, hat der VGH BW diese Rechtsauffassung dem Grunde nach bekräftigt. Für die Klage eines Baulastbegünstigten gegen einen Baulastverzicht fehle es jedenfalls dann grundsätzlich an einer Klagebefugnis, wenn sich der Verzicht nicht auf die Rechtmäßigkeit eines – mehr als **rein hypothetischen** – Bauvorhabens des Begünstigten auswirken kann.
In dieser Entscheidung wird auch die rein öffentlich-rechtliche Wirkung der Baulast bekräftigt und deren zivilrechtliche Wirkungen verneint.

Die **Baulastfähigkeit**, d. h. der zulässige Verpflichtungsinhalt, ergibt sich aus den jeweiligen baurechtlichen Vorschriften. So kann z. B. in den vorgenannten Fällen, in denen die HBO selbst die Sicherung bestimmter Zustände verlangt, die Verpflichtung nur solche Handlungen, Duldungen oder Unterlassungen beinhalten, denen ansonsten die Bauherrschaft ausgesetzt wäre (vgl. BGH, Urt. v. 8.7.1983, BRS 40 Nr. 180). Zulässig ist aber auch, eine Baulast auf einer Grundstücksteilfläche zugunsten des Restgrundstücks (**Eigentümerbaulast**) zu bestellen. **103**
Die baurechtliche Bedeutsamkeit besteht auch dann, wenn bei baurechtswidrigen Zuständen durch eine Baulast nachträglich die Rechtmäßigkeit hergestellt werden kann.
Mit Beschluss vom 11.3.2010, Az. 3 A 854/09 (Hess. Verwaltungsrechtsprechung) hat der Hess. VGH darauf hingewiesen, wenn eine Baugenehmigung in der derzeitigen katasterrechtlichen und grundbuchrechtlichen Situation auch deshalb nicht erteilt werden kann, weil eine bauliche Anlage grundsätzlich nicht auf mehreren Grundstücken gelegen sein kann (OVG Lüneburg, U. v. 18.2.1999 – 1 L 4269/96 – Rdnr. 7 – juris) kann eine zusammenhängende Bebauung von mehreren Buchgrundstücken erst nach deren Vereinigung oder einer sonstigen rechtlichen Sicherung durch Baulast, eventuell zusätzlich durch Grunddienstbarkeit, genehmigt werden (vgl. Hess. VGH, U. v. 5.11.1997 – 4 UE 2165/92 –, S. 17 des amtlichen Umdrucks).
Nach § 11 Abs. 7 HAltBodSchG kann die Aufrechterhaltung von Sicherungs-, Schutz- und Beschränkungsmaßnahmen nach § 2 Abs. 7 und 8 BBodSchG Gegenstand einer Baulast sein.

Die **Subsidiarität** der Baulast folgt aus der Einschränkung des Satz 1, wonach nur solche Verpflichtungen mit der Baulast abgedeckt werden können, „die sich nicht schon aus öffentlich-rechtlichen Vorschriften ergeben“. So kann z. B. die Pflicht nach § 5 Abs. 2 Satz 1 zweiter Teilsatz, Zu- und Durchfahrten ständig **104**

freizuhalten, ebenso wenig durch Baulast gesichert werden wie Anforderungen, die aufgrund von zwingenden Festsetzungen eines B-Planes bereits öffentlich-rechtlich gesichert sind.
Der Grundsatz der Subsidiarität schließt die Übernahme als Baulast allerdings nur dann aus, wenn die sich aus öffentlich-rechtlichen Vorschriften ergebenden Verpflichtungen gerade denjenigen treffen, der die Baulast übernimmt (VGH BW, Urt. v. 14.5.1991, DVBl. 1992, 62).

105 *Begründung der Baulast*
Die Baulast wird durch einseitige, empfangsbedürftige Willenserklärung (**Verpflichtungserklärung**) begründet. Sie ist kein öffentlich-rechtlicher Vertrag (OVG SH, Urt. v. 19.6.1996, BRS 58 Nr. 42), bedarf auch bei ihrer Entstehung keiner privatrechtlichen Vereinbarung zwischen den Eigentümern des begünstigten und des belasteten Grundstücks (Hess. VGH, Beschl. v. 4.6.1992, BRS 54 Nr. 161) oder einer sonstigen Mitwirkung des Begünstigten sowie keiner irgendwie gearteten Zustimmung oder dgl. durch die Bauaufsichtsbehörde. Allerdings ist in vielen Fällen der Abschluss einer begleitenden zivilrechtlichen Vereinbarung zu empfehlen.
Wesentliches Merkmal ist die **Freiwilligkeit** der Abgabe der Verpflichtungserklärung. Die Bauaufsichtsbehörde darf die Übernahme einer Baulast nicht verlangen oder gar erzwingen. Aus privatrechtlichen Rechtsbeziehungen zwischen den betroffenen Grundstückseigentümern kann sich u. U. ein zivilrechtlicher Anspruch des einen gegen den anderen Grundstückseigentümer auf Bewilligung einer Baulast ergeben; vgl. bei bestehender Grunddienstbarkeit BGH, Urt. v. 3.2.1989, NJW 1989, 1607, Urt. v. 3.7.1992, NJW 1992, 2885; bei Miteigentümergemeinschaft an einer Wegeparzelle BGH, Urt. v. 3.12.1990, DVBl. 1991, 452). Im **Umlegungsverfahren** (§ 61 Abs. 1 Satz 3 BauGB) und im Zuge von **vereinfachten Umlegungsverfahren** (§ 80 Abs. 2 BauGB) tritt an die Stelle der freiwilligen Verpflichtungserklärung der hoheitliche Verwaltungsakt der zuständigen Behörde, der des Einvernehmens der Bauaufsichtsbehörde bedarf.

106 Die öffentlich-rechtliche Verpflichtung wird **nur** gegenüber der Bauaufsichtsbehörde übernommen (s. auch Erl. zu § 85 Abs. 1 Satz 2). Nach ihrer wirksamen Begründung ist ein **Widerruf** der Verpflichtungserklärung entsprechend § 130 BGB nicht mehr möglich. Ebenso ist ihre **Anfechtung** durch den Übernehmer wegen **Irrtums** entsprechend § 119 ff. BGB ausgeschlossen (vgl. VGH BW, Urt. v. 13.6.1984, NJW 1985, 1723). Zum Anfechtungsgrund der **arglistigen Täuschung** i. S. des § 123 Abs. 1 BGB vgl. BGH, Urt. v. 10.3.1978, BRS 33 Nr. 157; OVG Lüneburg, Urt. v. 21.1.1999, BauR 1999, 894). Die Anfechtung wegen arglistiger Täuschung durch den Baulastempfänger bei der Abgabe der Baulasterklärung ist nur möglich, wenn der Erklärungsempfänger, die Behörde, die Täuschung kannte oder kennen musste (VG Frankfurt, Beschluss vom 23.5.2003 – 6 G 1730/03 – juris). Die Grundsätze des **Wegfalls der Geschäftsgrundlage** sind auf Baulastenerklärungen nicht anwendbar (OVG SH, Urt. v. 19.6.1996, a. a. O.). Eine einmal wirksam übernommene Baulast kann weder durch einseitige Erklärung des Baulastgebers oder des Baulastnehmers noch durch nachträgliche Vereinbarung zwischen diesen aufgehoben werden (BGH, Urt. v. 10.3.1978, BRS 33 Nr. 157).

Die Verpflichtungserklärung muss **ausreichend bestimmt** sein. Dem Bestimmtheitserfordernis genügt sie, wenn sie Inhalt und Umfang der Verpflichtung so eindeutig erkennen lässt, mind. aber bei einer Auslegung ihres Wortlauts entsprechend § 130 BGB so klar und unzweideutig ist, dass sie mit Hilfe einer Ordnungsverfügung der Bauaufsichtsbehörde durchgesetzt werden kann (OVG Berlin, Urt. v. 8.9.1995, BRS 57 Nr. 203 m. w. Nachw.). Eine Pflicht zum Handeln oder Dulden muss regelmäßig genauer umschrieben werden als eine Unterlassenspflicht (OVG NW, Urt. v. 15.5.1992, BRS 54 Nr. 158). Ein zusätzlicher, zum Wortlaut der Erklärung als ihr Bestandteil zu nehmender **Liegenschaftsplan** ist nur erforderlich, wenn der Erklärungsinhalt durch Text allein nicht eindeutig beschrieben werden kann, z. B. bei flächenrelevanten Baulastverpflichtungen. Der Liegenschaftsplan muss seinerseits die beachtlichen örtlichen Verhältnisse richtig und genau, jedenfalls bestimmbar wiedergeben (OVG NW, Urt. v. 29.9.1978, BRS 33 Nr. 156, Urt. v. 15.5.1992, a. a. O.). Die HE-HBO enthalten unter Nr. 81 nähere Anforderungen, die zur Auslegung heranzuziehen sind. Eine Zufahrtsbaulast ist – als flächenbezogene Baulast – nur wirksam, wenn die auf dem Grundstück freizuhaltenden Zufahrts- bzw. Abfahrtsflächen hinreichend bestimmbar sind. Dass der mit der Baulast verfolgte Zweck hinreichend bestimmbar ist, genügt nicht. (Verwaltungsgerichtshof Baden-Württemberg, Urteil vom 04. Februar 2016 – 5 S 1140/14 –, juris) 107

Die **Befugnis zur Abgabe** der Verpflichtungserklärung hat der Grundstückseigentümer. **Satz 1** i. V. m. Satz 2, erster Teilsatz stellt dabei das Erfordernis der **formellen Eigentümerstellung** des Baulastübernehmers heraus. Es genügt, wenn dieser zum Zeitpunkt der Eintragung in das Baulastenverzeichnis und nicht schon bei Abgabe seiner Verpflichtungserklärung im Grundbuch als Eigentümer eingetragen ist (OVG Berlin, Urt. v. 8.9.1995, BRS 57 Nr. 203). Die Verpflichtungserklärung kann durch einen Bevollmächtigten abgegeben werden (OVG NW, Urt. v. 10.10.1996 – 7 A 4185/95, n. v.; vgl. auch BVerwG, Urt. v. 18.4.1996, NVwZ 1996, 892). Sind **juristische Personen** Grundstückseigentümer, müssen die für sie vertretungsberechtigten Personen die Verpflichtungserklärung abgeben. Voraussetzung ist die **Geschäftsfähigkeit** des Grundstückseigentümers (§§ 104, 105 BGB). Für minderjährige Grundstückseigentümer müssen die Personen, die das Sorgerecht haben (i. d. R. die Eltern nach § 1626 BGB), tätig werden. Eltern bedürfen zu einer Baulasterklärung für das Kind der Genehmigung des Vormundschaftsgerichts nach § 1643 Abs. 1 i. V. m. § 1821 Abs. 1 Nr. 1 BGB (OVG NW, Urt. v. 9.5.1995, BRS 57 Nr. 204). Zur Frage der Wirksamkeit einer durch einen Bevollmächtigten bestellten Baulast vgl. Hess. VGH, Beschl. V. 9.8.2022 – 3 B 394/22. 108

Nach **Satz 2 erster Teilsatz** werden Baulasten **unbeschadet der Rechte Dritter** wirksam; eine weitere Voraussetzung als die formelle Eigentümerstellung nennt das Gesetz nicht. Gleichwohl ist in der Rechtsprechung anerkannt, dass darüber hinaus auch auf die **zivilrechtliche Verfügungsbefugnis** abzustellen ist (Sächs. OVG, Beschl. v. 9.9.1994, BRS 56 Nr. 115). Da die Baulast als öffentlich-rechtliche Grundstücksbelastung mit zivilrechtlichen Verfügungen des Grundstückseigentümers gleichzustellen ist, müssen auch gesetzlich vorgesehene relative oder absolute Beschränkungen der Verfügungsbefugnis dann beachtet werden, wenn Sinn und 109

Zweck der maßgeblichen Vorschriften eine entsprechende Anwendung erfordern. Bei **Miteigentum** (§§ 1008 ff. BGB) an dem zu belastenden Grundstück ist die Verpflichtungserklärung von allen Miteigentümern abzugeben (VGH BW, Urt. v. 1.6.1990, NJW 1991, 2786, Urt. v. 13.7.1992, BRS 54 Nr. 162; OVG NW, Urt. v. 9.5.1995, a. a. O.). Das gilt auch für die zu einer **ungeteilten Erbengemeinschaft** gehörenden Miterben (VGH BW, Urt. v. 1.8.1994, NJW 1995, 1373) sowie für **Wohnungseigentümer**, soweit die Baulast nicht Sondereigentum, sondern gemeinschaftliches Eigentum betrifft (BGH, Urt. v. 26.10.1990, MDR 1991, 421). Ruht auf dem zu belastenden Grundstück ein **Erbbaurecht**, ist neben der Erklärung des Eigentümers auch die Erklärung des Erbbauberechtigten erforderlich (OVG NW, Urt. v. 22.9.1987 – 7 A 33/82 –, BauR 1988, 702; VGH BW, Urt. v. 13.7.1992, a. a. O.). Umgekehrt bedarf auch die Erklärung des Erbbauberechtigten der Zustimmung des Grundstückseigentümers (OVG Lüneburg, Urteil vom 26.5.1989 – 6 A 147/87 –, juris. Ist vor der Übernahme einer Baulast ein **Zwangsversteigerungsvermerk** im Grundbuch eingetragen, bedarf die Verpflichtungserklärung der Zustimmung des Gläubigers, der nach dem Zwangsvollstreckungsgesetz die Beschlagnahme erwirkt hat (Hess. VGH, Urt. v. 19.6.1981, BRS 38 Nr. 135; OVG NW, Urt. v. 18.7.1995, BRS 57 Nr. 205). Ebenso ist die Zustimmung des durch eine im Grundbuch eingetragene **Auflassungsvormerkung** (§ 883 BGB) geschützten Käufers insoweit erforderlich, als die Verpflichtungserklärung seinen Erwerbsanspruch vereiteln oder beeinträchtigen würde (vgl. VGH BW, Urt. v. 27.2.1989, NJW 1990, 268, Urt. v. 13.7.1992, a. a. O.; Sächs.OVG, Beschl. v. 9.9.1994, a. a. O.). Das gilt allerdings nicht schon für die notarielle Beglaubigung, eine Auflassungsvormerkung eintragen zu lassen (OVG Lüneburg, Urt. v. 12.9.1997, BRS 59 Nr. 192). Schließlich bedarf die Verpflichtungserklärung eines **nicht befreiten Vorerben** (§ 2136 BGB) der Zustimmung des Nacherbens, sofern die Baulast dessen Recht beeinträchtigt (VGH BW, Urt. v. 27.2.1989, a. a. O.).
Die HE-HBO enthalten darüber hinaus für den Fall, dass im Grundbuch eingetragene **Grunddienstbarkeiten** (§§ 1018 ff. BGB) oder **beschränkt persönliche Dienstbarkeiten** (§§ 1090 ff. BGB) durch die Baulast beeinträchtigt werden, die Regelung, dass in der Verpflichtungserklärung hierauf hinzuweisen ist und schriftliche Einverständniserklärungen der Berechtigten beizufügen sind. Ebenso ist bei Eintragung einer Auflassungsvormerkung (§ 883 BGB) zu verfahren. Diese Beteiligung erfolgt jedoch nicht zum Schutze der Dienstbarkeiten, sondern weil durch diese dinglichen Rechte der öffentlich-rechtliche Sicherungszweck der Baulast beeinträchtigt werden könnte.

110 Dagegen ist die Zustimmung von **Vorkaufsberechtigten** grundsätzlich nicht erforderlich. Weder dingliche Vorkaufsrechte (§§ 1094 ff. BGB) noch durch Vormerkung gesicherte schuldrechtliche (persönliche) Vorkaufsrechte (§§ 504 ff. BGB) oder das gesetzliche Vorkaufsrecht der Gemeinden nach §§ 24 ff. BauGB stehen Belastungen des verpflichteten Grundstücks durch Baulasten entgegen, solange der Vorkaufsfall nicht eingetreten ist. Das Zustimmungserfordernis ist aber vom Zeitpunkt der Möglichkeit der Ausübung des Vorkaufsrechts an gegeben, d. h. wenn ein rechtsgültiger Kaufvertrag über das verpflichtete Grundstück mit einem Dritten abgeschlossen ist.
Einer Zustimmung von **Grundpfandrechtsgläubigern** (§§ 1113 ff. BGB) und damit einer Kenntnis der in Abteilung 3 des Grundbuchs eingetragenen **Hypo-**

theken, Grundschulden und **Rentenschulden** bedarf es für die Eintragung von Baulasten nicht. Die rechtliche Position der Grundpfandrechtsgläubiger wird durch die Begründung einer Baulast nicht betroffen. Die Baulast ist mit diesen zivilrechtlichen Belastungen eines Grundstücks nicht vergleichbar. Das Fehlen zivilrechtlicher Rechtsbeziehungen zwischen dem Baulastverpflichteten und dem Baulastbegünstigten ist für das Entstehen einer Baulast ohne Bedeutung.
Zu den **förmlichen Anforderungen** an die Verpflichtungserklärung s. Nr. 85.2. Ferner wird nach Satz 2 erster Teilsatz eine Baulast erst mit der **Eintragung in das Baulastenverzeichnis** wirksam.

Vor der Eintragung überprüft die Bauaufsichtsbehörde, ob die Verpflichtungserklärung rechtmäßig ist, d. h. ob sie einen baulastfähigen Inhalt hat, vom Verfügungs- bzw. Vertretungsberechtigten abgegeben wurde, hinreichend bestimmt ist und erforderliche Zustimmungs- bzw. Einverständniserklärungen und Vollmachten beigefügt sind. Ist zu Lasten eines Grundstücks ein Vorkaufsrecht eingetragen, hat sich die Bauaufsichtsbehörde auch darüber Gewissheit zu verschaffen, ob bereits ein rechtsgültiger Kaufvertrag über das belastete Grundstück mit einem Dritten abgeschlossen ist. Sie prüft ferner, ob die Verpflichtungserklärung formgerecht abgegeben wurde (vgl. Nr. 85.2). Die rechtswidrige Eintragung einer Baulast kann Amtshaftungsansprüche des betroffenen Grundstückseigentümers auslösen. (OLG Frankfurt, Urteil vom 07. April 2004 – 1 U 172/03 –, juris) 111
Ungeschriebene Voraussetzung für die Eintragung der Baulast ist auch, dass an der konkreten Verpflichtung ein **öffentliches Interesse** besteht. Das folgt aus § 85 Abs. 3 Satz 2, wonach die Bauaufsichtsbehörde auf die Baulast verzichten muss, wenn ein öffentliches Interesse an ihr nicht mehr besteht. Fehlt dieses Interesse von vornherein, braucht die Baulast gar nicht eingetragen zu werden, da sie sofort wieder zu löschen wäre. Das öffentliche Interesse liegt darin, einen bestimmten Zustand des belasteten Grundstücks auf Dauer zu sichern, um den späteren Eintritt baurechtswidriger Zustände zu verhindern (vgl. OVG NW, Urt. v. 28.1.1997, BRS 59 Nr. 229; a. A. OVG Berlin, Urt. v. 29.10.1993, NJW 1994, 2971 = NVwZ 1995, 96 – Leitsatz) oder bereits bestehende baurechtswidrige Zustände zu beseitigen (s. auch Nr. 75.3). Hieran fehlt es z. B., wenn das Vorhaben aus anderen Gründen keine Aussicht auf Genehmigung hat (OVG NW, Urt. v. 28.1.1997, a. a. O.), die Baulast als öffentlich-rechtliche Sicherung also funktionslos wäre (BVerwG, Beschl. v. 4.10.1994, BRS 56 Nr. 114). Ein öffentliches Interesse ist ferner ausgeschlossen, wenn fraglich ist, ob eine gleichsam auf Vorrat übernommene Baulast in Zukunft überhaupt jemals baurechtliche Bedeutung erlangen wird oder wenn noch gar nicht absehbar ist, welche Hindernisse künftig einer möglicherweise später in Aussicht genommenen Bebauung überhaupt auszuräumen sein werden (BVerwG, Beschl. v. 4.10.1994, a. a. O.).

Der Eigentümer des faktisch begünstigten Grundstücks hat **kein subjektiv-öffentliches Recht auf Eintragung einer Baulast**, er kann die Eintragung nicht aufgrund seiner **privaten** Belange verlangen (OVG NW, Urt. v. 28.1.1997, a. a. O.). Die Bauaufsichtsbehörde hat über die Eintragung keine Ermessensentscheidung zu treffen, bei der (auch) die privaten Belange der Bauherrschaft zu berücksichtigen wären. Hängt aber die positive bauaufsichtliche Entscheidung allein von der Eintragung einer rechtmäßig angebotenen Baulast ab, die alle 112 inhaltlichen und förmlichen Eintragungsvoraussetzungen erfüllt, dürfte eine Verpflichtung der Bauaufsichtsbehörde zur Eintragung bestehen, wenn mit ihr zwingende Versagungsgründe in der Weise ausgeräumt werden, dass z. B. die beantragte bauaufsichtliche Entscheidung als Akt der gebundenen Erlaubnis angesehen werden muss; dies gilt insbes. (aber nicht nur) in den Fällen, in denen das Gesetz selbst die öffentlich-rechtliche Sicherung durch Baulast als Alternative zu einer Regelvoraussetzung nennt (vgl. Erl. zu Abs. 1 Satz 1 – zur baurechtlichen Bedeutung). Ebenso besteht die Verpflichtung zur Eintragung nach Maßgabe des Verhältnismäßigkeitsgrundsatzes (vgl. Nr. 53.2 zu Satz 2), wenn durch die Baulast bereits bestehende baurechtswidrige Zustände beseitigt werden.

113 Die öffentlich-rechtliche Baulast besteht ausschließlich im öffentlichen Interesse; sie dient nicht zugleich auch privaten Interessen der Grundstückseigentümer (OVG NW, Urt. v. 28.1.1997, a. a. O.). Sie begründet **nur öffentlich-rechtliche Verpflichtungen** des Eigentümers des belasteten Grundstücks und diese nur **gegenüber der Bauaufsichtsbehörde**, lässt aber kein Dreiecksverhältnis zwischen Bauaufsichtsbehörde, Begünstigtem und Belastetem entstehen (Hess. VGH, Beschl. v. 4.6.1992, BRS 54 Nr. 161 m. w. Nachw. = NVwZ-RR 1993, 236). Daraus folgt:

- Im **Verhältnis Baulastverpflichteter zur Bauaufsichtsbehörde** wird mit der Baulast der Bauaufsichtsbehörde die notwendige rechtliche Handhabe gegeben, um die vom Verpflichteten übernommenen Pflichten ggf. durch eine Ordnungsverfügung nach § 53 Abs. 2 Satz 2 durchzusetzen (s. nachfolgende Erl. zur Durchsetzung der Baulast).
- Im **Verhältnis Baulastbegünstigter zur Bauaufsichtsbehörde** besteht keine öffentlich-rechtliche Beziehung. Die Baulast vermittelt dem Begünstigten – jedenfalls i. d. R. – kein unmittelbares subjektiv-öffentliches Recht. Ihm kommt nur die Reflexwirkung der Baulast zugute, dass z. B. aus Gründen, die die mit der Baulast gewahrte öffentlich-rechtliche Sicherung einer bestimmten Grundstückssituation betreffen, eine Baugenehmigung nicht versagt werden kann. Da das private Interesse des Begünstigten an der Einhaltung der vom Belasteten übernommenen Pflicht rechtlich nicht geschützt ist, kann er von der Bauaufsichtsbehörde – **allein** gestützt auf die Baulast – kein Tätigwerden zur Durchsetzung der mit der Baulast übernommenen Pflichten beanspruchen. Beeinträchtigt die Nichterfüllung der durch Baulast übernommenen Pflicht den Begünstigten in anderweitig bestehenden subjektiven Rechten (z. B. Recht auf Leben und Gesundheit), steht ihm ein Anspruch gegen die Bauaufsichtsbehörde auf ermessensfehlerfreie Durchsetzung der Baulast und evtl. sogar ein unmittelbarer Anspruch auf Einschreiten zu (Hess. VGH, Beschl. v. 4.6.1992, a. a. O.; vgl. auch OVG Lüneburg, Beschl. v. 2.9.1983, BRS 40 Nr. 223; OVG NW, Urt. v. 28.1.1997, a. a. O.). Andererseits vermittelt z. B. eine Baulast zur Duldung von Emissionen dem Begünstigten keinen Anspruch darauf, dass die Bauaufsichtsbehörde ein vom Amts wegen im Interesse des Gesundheitsschutzes für erforderlich gehaltenes Einschreiten unterlassen wird (VGH BW, Urt. v. 25.7.1995, BRS 57 Nr. 74; vgl. auch Erl. zu Satz 1 des § 75 Abs. 1 zum Inhalt der Baulast aus dem sonstigen Bereich des öffentlichen Baurechts). Dem Begünstigten erwachsen aus der Baulast auch regelmäßig keine subjektiv-öffentlichen Rechte, die

durch einen Verzicht der Behörde (vgl. Nr. 75.3) auf die Baulast verletzt werden könnten (OVG NW, Urt. v. 17.11.1986, BRS 47 Nr. 149).

– Im **Verhältnis zwischen Baulastbegünstigtem und Baulastverpflichtetem** bestehen aufgrund der Baulast, die im öffentlichen Interesse zur Sicherung baurechtmäßiger Zustände begründet wird und zu ihrer Entstehung keiner privatrechtlichen Vereinbarung bedarf, keinerlei (öffentlich-rechtliche) Rechtsbeziehungen (vgl. auch *Zorn*, NVwZ 2019, 1011). Durch die Baulast wird **nicht** anstelle privater schuld- oder sachenrechtlicher Verpflichtungen ein Rechtsverhältnis eigener Art zwischen dem Begünstigten und dem Belasteten begründet (Hess. VGH, Beschl. v. 4.6.1992, a. a. O). Daher erwächst dem Eigentümer des begünstigten Grundstücks durch die Baulast kein sich unmittelbar aus ihrem Inhalt ergebendes Recht. Als öffentlich-rechtliche Baubeschränkung ist die Baulast kein Recht eines Dritten i. S. des § 434 BGB (BGH, Urt. v. 10.3.1978, BRS 33 Nr. 157). Insbesondere gewährt sie weder dem Eigentümer des begünstigten Grundstücks einen Nutzungsanspruch gegenüber dem Baulastverpflichteten noch verpflichtet sie diesen, die in der Baulast angesprochene Nutzung privatrechtlich zu **dulden** (BGH, Urt. v. 8.7.1983 – V ZR 204/82, BRS 40 Nr. 180.; Brandenburgisches OLG, Urteil vom 22.1.2008 – 2 U 1/06 -, juris; OLG Celle, Urteil vom 27.9.1996 – 4 U 164/95 -, juris, aber BGH 9.1.1981 – V ZR 58/79 -, Juris). Liegen der Übernahme der öffentlich-rechtlichen Verpflichtung nicht schon privatrechtliche Beziehungen, z. B. auch eine privatrechtliche Abmachung zwischen dem Baulastbegünstigten und dem Baulastverpflichteten zugrunde, wonach sich der Baulastübernehmer gegen Entschädigung zur Abgabe der Baulasterklärung verpflichtet hat, kann die im öffentlichen Baurecht begründete, aber zivilrechtlich unberechtigte Begünstigung durch eine Baulast Grundlage eines Anspruchs aus ungerechtfertigter Bereicherung (§ 812 BGB) sein (vgl. BGH, Urt. v. 8.7.1983, a. a. O., Urt. v. 19.4.1985 – V ZR 152/83 -, DVBl. 1985, 1131, Urt. v. 7.10.1994, NJW 1995, 53). Will der Eigentümer des von der Baulast begünstigten Grundstücks einen auch zivilrechtlich durchsetzbaren Anspruch auf Nutzung des belasteten Grundstücks haben, setzt dies voraus, dass ihm entsprechende zivilrechtliche Rechtspositionen, wie Grunddienstbarkeiten, durch den Eigentümer des belasteten Grundstücks eingeräumt werden (OVG NW, Urt. v. 17.11.1986, a. a. O. unter Bezug auf BGH, Urt. v. 8.7.1983, BRS 40 Nr. 180 m. w. Nachw.). Ist ein Grundstückseigentümer aufgrund einer Baulast zur Duldung einer Garage zugunsten des jeweiligen Eigentümers eines Nachbargrundstücks verpflichtet, so handelt er rechtsmissbräuchlich, wenn er klageweise vom Baulastbegünstigten Herausgabe und Räumung der Garage verlangt, solange die Baulast besteht und keine Anhaltspunkte dafür vorhanden sind, die Baubehörde werde sie nicht durchsetzen oder auf sie verzichten. (BGH, Urteil vom 09. Januar 1981 – V ZR 58/79 –, juris). Als Anknüpfungspunkt einer Duldungspflicht gem. § 1004 Abs. 2 BGB aus Treu und Glauben (§ 242 BGB) kann in Betracht kommen, dass der gestörte Eigentümer das streitgegenständliche Grundstück mit dem Nachteil einer Baulast erworben hat. (OLG Hamm, Urteil vom 06. Juli 2017 – 5 U 152/16 –, juris) Die Verpflichtung, eine Baulasterklärung abzugeben, kann sich nach der o. g. BGH-Rechtsprechung als Nebenpflicht aus dem durch die Grunddienstbarkeit geschaffenen gesetzlichen Schuldverhältnis ergeben (BGH, Urteil vom 3.2.1989 – V ZR 224/87; Urteil vom 6.10.1989 – V ZR 127/88; Urteil vom 3.7.1992 – V ZR 218/91; OLG Schleswig, Beschl. v. 13.3.2013 – 9 U 81/12). Dabei ist darauf abzustellen, ob die Grunddienstbarkeit zu dem Zwecke bestellt wurde, das betreffende Grundstück baulich zu nutzen, ob die Übernahme der Baulast zwingende Voraussetzung für die Bebauung des Grundstücks ist, ob eine Befreiung vom Baulastzwang in Betracht kommt, ob bei der Bestellung der Grunddienstbarkeit bereits Anlass bestand, die Übernahme einer Baulast zu erwägen und ob Inhalt und Umfang der geforderten Baulast der Dienstbarkeit entsprechen (hier: Pflicht zur Abgabe der Baulasterklärung aufgrund der Umstände bei der Bestellung der Grunddienstbarkeit angenommen, weil Umfang und Zweck der Grunddienstbarkeit der in Aussicht genommenen Möglichkeit der späteren Bebauung Rechnung trug). Der Eigentümer des herrschenden Grundstücks hat im Rahmen einer Interessenabwägung einen Anspruch auf Übernahme der Baulast nur dann, wenn er allein mit der begehrten Baulast die gewünschte Baugenehmigung erreichen könnte (vergleiche BGH, 1989-10-06, V ZR 127/88, WM IV 1990, 320). (BGH, Urteil vom 03. Juli 1992 – V ZR 218/91 –, juris). Der aus dem durch eine Grunddienstbarkeit begründeten Schuldverhältnis folgende Anspruch auf Bestellung einer deckungsgleichen Baulast setzt voraus, dass die mit der Bestellung der Dienstbarkeit bezweckte Sicherstellung der Bebaubarkeit des herrschenden Grundstücks mit der Baulast tatsächlich erreicht werden kann; dies gilt gleichermaßen, wenn die Baulast für die behördliche Genehmigung einer Nutzungsänderung benötigt wird. (BGH, Urteil vom 22. Oktober 2021 – V ZR 92/20 –, juris). Kann die Baugenehmigung für das herrschende Grundstück mit der verlangten Baulasterklärung nur unter weiteren Voraussetzungen erteilt werden, setzt der Anspruch auf die Erklärung voraus, dass diese Voraussetzungen vorliegen oder eine Befreiung in Betracht kommt (Fortführung von Senat, Urteil vom 6. Oktober 1989 – V ZR 127/88, DNotZ 1991, 250, 252 und Urteil vom 3. Juli 1992 – V ZR 218/91, NJW 1992, 2885, 2886; BGH, Urteil vom 22. Oktober 2021 – V ZR 92/20 –, juris). Eine vertragliche Vereinbarung zur Übernahme einer Baulast muss hinreichend bestimmt sein (OLG Hamm, Urteil vom 16.5.2017 – 10 U 24/16).

114 Mit einer Nachbarerklärung im Sinne des Bauordnungsrechts (vgl. § 68 Abs. 1 Satz 3 HBO 1957, § 95 Abs. 1 Satz 2 HBO 1977, § 69 Abs. 2 HBO 1993), mit der der Gebäudeabstand auf das Nachbargrundstück übernommen wird, verzichtet der Nachbar nicht nur selbst auf Abwehrrechte. Der Verzicht auf die Bebauung der Abstandsfläche vermittelt auch ein Abwehrrecht seines Nachbarn gegen die Bebauung dieser Abstandsfläche (Hess.VG, 3 UE 450/97 Urt. vom 5.2.2001 – juris).

115 Die **Eintragung** in das Baulastenverzeichnis ist **konstitutiv**. Aufgrund dieser konstitutiven Wirkung und der damit einhergehenden Entscheidung der Bauaufsichtsbehörde über die tatbestandlichen Voraussetzungen für eine Eintragung und namentlich auch das öffentliche Interesse hieran ist der Eintragungsakt als **Verwaltungsakt** zu qualifizieren (OVG Berlin, Urt. v. 8.9.1995, BRS 57 Nr. 203; vgl. auch OVG NW, Urt. v. 29.9.1978, BRS 33 Nr. 156).

Die durch Baulast gesicherte Verpflichtung **lastet als öffentlich-rechtliche Dienstbarkeit auf dem Grundstück** und schränkt unmittelbar mit dinglicher Wirkung die mit dem Grundstückseigentum verbundenen Befugnisse ein; das gilt unabhängig von der Person des Grundstückseigentümers (vgl. Sächs. OVG, Beschl. v. 9.9.1994, BRS 56 Nr. 115; OVG Berlin, Urt. v. 8.9.1995, BRS 57 Nr. 203; OVG NW, Urt. v. 9.5.1995, BRS 57 Nr. 204). Sie wirkt deshalb auch gegenüber **Rechtsnachfolgern** (§ 75 Abs. 1 **Satz 2 zweiter Teilsatz**). Der Begriff „Rechtsnachfolger" erfasst dabei nach dem Sinn und Zweck der gesetzlichen Baulastregelung (vgl. Nr. 75) jeden späteren Inhaber des Grundeigentums; die Rechtsnachfolge ist also nicht auf die Fälle des von einem Rechtsvorgänger abgeleiteten Rechtserwerbs beschränkt. Daher bleibt eine einmal wirksam gewordene Baulast trotz des sog. originären Eigentumserwerbs (§ 90 ZVG) von einem im Verfahren der **Zwangsversteigerung** erteilten Zuschlag unberührt und gilt auch gegenüber dem **Ersteher** (BVerwG, Beschl. v. 29.10.1992, BRS 54 Nr. 157; Hamb. OVG, Urt. v. 12.11.1992, BRS 54 Nr. 160; OVG NW, Urt. v. 18.7.1995, BRS 57 Nr. 205). Zu der Konstellation bei gleichzeitig bestellten Baulasten und Grunddienstbarkeiten, wenn die Grunddienstbarkeit im Rahmen der Zwangsversteigerung erlischt, aber die Baulast bestehen bleibt, vgl. OLG Frankfurt, Urteil vom 3.11.2020 – 16 U 9/19. Ebenso berührt die Aufteilung des begünstigten Grundstücks in Wohnungs- und Teileigentum den Bestand der Baulast nicht. Wie bei dem Entstehen der Baulast ist das Fehlen oder der Wegfall zivilrechtlicher Rechtsbeziehungen zwischen dem Baulastverpflichteten und dem Baulastbegünstigten für den Bestand einer Baulast ohne Bedeutung (OVG Berlin, Urt. v. 29.10.1993, NJW 1994, 2971 = NVwZ 1995, 96 – Leitsatz). 116
Wegen der möglichen „Vorratswirkung" bestehender Baulasten auf mögliche folgende Bauanträge vergl. Rdnr. 14.

Bei den mit der Baulast übernommenen Pflichten handelt es sich um normativ festgelegte öffentlich-rechtliche Verpflichtungen; ein **Verstoß** dagegen bedeutet eine Verletzung öffentlich-rechtlicher Vorschriften (OVG Berlin, Urt. v. 29.10.1993, a. a. O.). Die Baulast kann daher von der Bauaufsichtsbehörde unmittelbar mit hoheitlichen Mitteln, nämlich durch eine auf § 53 Abs. 2 Satz 2 gestützte **Ordnungsverfügung**, oder durch die Versagung einer dem Sicherungszweck widersprechenden Baugenehmigung oder sonstigen positiven bauaufsichtlichen Entscheidung **durchgesetzt werden** (OVG NW, Urt. v. 9.5.1995, BRS 57 Nr. 204). Das gilt unabhängig von etwa bestehenden privatrechtlichen Beziehungen zwischen dem Baulastverpflichteten und dem Baulastbegünstigten. Im Rahmen ihrer Ermessensausübung hat die Bauaufsichtsbehörde ein mögliches Einwirken der Ordnungsverfügung auf deren private Rechtsbeziehungen nicht zu berücksichtigen (OVG Berlin, Urt. v. 8.9.1995, BRS 57 Nr. 203). Die Durchsetzung ist somit auch möglich, wenn eine entsprechende zivilrechtliche Rechtsposition des Baulastbegünstigten nicht vorhanden ist. Ebenso hindert das Erlöschen einer Grunddienstbarkeit (Wegerecht) in der Zwangsversteigerung die Durchsetzung der in der Zwangsversteigerung unberührt bleibenden (Zuwegungs-) Baulast nicht (OVG Lüneburg, Beschl. v. 8.12.1995, BRS 57 Nr. 129). Die durch Baulast gesicherte Verpflichtung, einen Stellplatz für Kraftfahrzeuge zugunsten eines Nachbargrundstücks zur Verfügung zu halten, wird nur erfüllt, wenn der Stellplatz den Eigentümern des begünstigten Nachbargrundstücks tat- 117 sächlich dauerhaft zur Verfügung steht. Dem Erlass einer bauaufsichtlichen Verfügung zur Durchsetzung einer Stellplatzbaulast steht nicht entgegen, dass die Eigentümer des begünstigten Grundstücks kein ziviles Nutzungsrecht an dem Stellplatz haben. (Oberverwaltungsgericht Rheinland-Pfalz, Beschluss vom 06. November 2009 – 8 A 10851/09 –, juris). Aus der HBO ergibt sich, dass die Baulast – jedenfalls in der Regel – dem Begünstigten auch gegenüber der Bauaufsichtsbehörde kein subjektiv-öffentliches Recht vermittelt. Der Begünstigte kann von der Behörde allein gestützt auf die Baulast kein Tätigwerden zur Durchsetzung der mit der Baulast übernommenen Pflichten beanspruchen. Beeinträchtigt die Nichterfüllung der durch Baulast übernommenen Pflicht den Begünstigten in anderweitig bestehenden subjektiven Rechten (z. B. Recht auf Leben und Gesundheit), so steht ihm ein Anspruch gegen die Behörde auf ermessensfehlerfreie Entscheidung über die Durchsetzung der Baulast und eventuell sogar ein unmittelbarer Anspruch auf Einschreiten zu. Kann der Betroffene ein Einschreiten der Bauaufsichtsbehörde zu seinen Gunsten gegen eine ungenehmigte Maßnahme oder gegen einen gefährlichen Zustand verlangen, so hat er erst recht einen Anspruch darauf, dass die Behörde die Genehmigung für ein ihn oder sein Eigentum gefährdendes Vorhaben nicht erteilt, sondern versagt (im Anschluss an VGH Kassel, 15.12.1988 – 4 UE 2318/88 –). (Hessischer Verwaltungsgerichtshof, Beschluss vom 04. Juni 1992 – 4 TG 2815/91 –, juris).

118 Auf einen Verstoß gegen eine durch Baulast übernommene Verpflichtung kann sich auch die **Nachbarschaft** berufen, wenn sich der Inhalt der Baulast auf eine Regelung mit nachbarschützendem Charakter bezieht, die Verletzung der Baulast somit wie die Verletzung einer nachbarschützenden Vorschrift zu werten ist (VGH BW, Beschl. v. 9.12.1997, BRS 59 Nr. 112).

119 Im **Umlegungsverfahren** geänderte oder neu begründete Baulasten (vgl. Erl. zu Abs. 1 Satz 1 – Begründung der Baulast) werden mit der Bekanntmachung nach § 71 BauGB wirksam (§ 72 Abs. 1 BauGB). Ihrer Eintragung in das Baulastenverzeichnis kommt nur feststellende Bedeutung zu. Das gilt sinngemäß auch für die Neuordnung von Baulasten nach § 80 Abs. 2 BauGB im Zuge von **Umlegungs- und vereinfachten Umlegungsverfahren** (vgl. Nr. 75.3 HE-HBO alt). Seit der Reform 2018 sind Baulasten nicht mehr im Liegenschaftskataster nachzuweisen. Betroffene, z. B. auch Grundstückserwerber, sind also gehalten, sich über Einsicht ins Baulastenverzeichnis Gewissheit über etwaige Grundstücksbelastungen zu verschaffen. Hierfür sollte sich ein Grundstückserwerber eine entsprechende Vollmacht des Grundstückseigentümers einräumen lassen. Notare nehmen in der Regel nur Einsicht ins Grundbuch und weisen in den Kaufverträgen lediglich darauf hin, dass dem Erwerber empfohlen wird, auch das Baulastenverzeichnis einzusehen.

5.3.3 Schriftformerfordernis; Beglaubigung

120 § 85 **Abs. 2** bestimmt die **förmlichen Anforderungen** an die Verpflichtungserklärung.

Satz 1 schreibt die **Schriftform** vor. Was unter dem Begriff „Schriftform" zu verstehen ist, ergibt sich aus § 126 Abs. 1 BGB; danach muss die Erklärung in einem Schriftstück festgehalten und vom Grundstückseigentümer oder dessen bevollmächtigtem Vertreter eigenhändig unterzeichnet werden. Sind mehrere Personen Eigentümer des zu belastenden Grundstücks oder daran in eigentumsähnlicher Weise dinglich berechtigt, muss die Erklärung von jeder einzelnen Person abgegeben und unterschrieben werden. Einen verbindlichen Vordruck für die Baulasterklärungen enthält der Bauvorlagenerlass nicht mehr. Baulasten sind so vielschichtig, dass ihnen ein landeseinheitlicher Vordruck nicht immer gerecht werden kann.

Nach der **ersten Alternative** des **Satz 2 erster Teilsatz** muss die **Unterschrift** **121**
- öffentlich beglaubigt oder
- von einer Vermessungsstelle nach § 15 des Hessischen Vermessungs- und Geoinformationsgesetzes vom 6.9.2007 beglaubigt sein.

Für die **öffentliche Beglaubigung** der Unterschrift sind die Bestimmungen des § 129 BGB und das im Beurkundungsgesetz (§§ 39, 40) geregelte Beglaubigungsverfahren maßgebend. Danach muss die Unterschrift des Erklärenden von einem Notar beglaubigt werden. Die öffentliche Beglaubigung wird durch die gerichtliche oder notarielle Beurkundung der (gesamten) Erklärung ersetzt.
Wegen des Schriftformerfordernisses sind elektronische Beglaubigungen (§ 39a des Beurkundungsgesetzes) nicht zulässig.
Nicht ausreichend ist die amtliche Beglaubigung durch eine Behörde nach § 1 der u. a. zu § 34 Abs. 1 Satz 1 und Abs. 4 HVwVfG ergangenen Hessischen Verordnung zur Bestimmung der zu Beglaubigungen befugten Behörden v. 21.9.2009. Die öffentliche Beglaubigung ist nicht gleichzusetzen mit der amtlichen Beglaubigung nach § 34 HVwVfG (Hess. VGH, Urt. v. 5.2.1982, BRS 39 Nr. 171).

Die Möglichkeit, die Unterschrift auch von einer **Vermessungsstelle nach § 15** **122**
Abs. 2 HVGG der genannten Fassung (statische Verweisung) beglaubigen zu lassen, bewirkt eine Erleichterung in allen Fällen, in denen Fachpläne (z. B. Lagepläne) von Vermessungsstellen gefertigt werden. Eine Prüfung des Inhalts der Baulasterklärung ist damit für die Vermessungsstelle nicht verbunden.

Die **zweite Alternative** des Satz 2 erster Teilsatz lässt auch zu, die Unterschrift **123**
- **vor** der Bauaufsichtsbehörde zu leisten oder
- **vor** der Bauaufsichtsbehörde anzuerkennen.

Satz 2 zweiter Teilsatz schließt nunmehr die Anforderungen des ersten Teilsatzes an die Unterschrift für **Träger öffentlicher Verwaltung** aus. Für diese ist somit die jeweils einschlägige rechtliche Regelung für Verpflichtungserklärungen maßgeblich, z. B. für Gemeinden § 71 Abs. 2 HGO.

5.3.4 Verzicht

Nach Abs. 3 des § 85 geht die Baulast nur durch **Verzicht der Bauaufsichtsbe-** **124**
hörde unter (**Satz 1**). Ein Antrag ist nicht erforderlich, aber auch nicht ausgeschlossen. Die Entscheidung über einen beantragten Verzicht steht im pflichtgemäßen Ermessen der Bauaufsichtsbehörde (Hess. VGH, Beschl. v. 4.6.1992, BRS 54 Nr. 161 = NVwZ-RR 1993, 236; Hamb.OVG, Urt. v. 12.11.1992, BRS 54 Nr. 160). Entscheidungserheblich sind grundsätzlich nur öffentlich-rechtliche Gesichtspunkte; rein privatrechtliche Interessen sind unmaßgeblich (Hess. VGH, Beschl. v. 4.6.1992, a. a. O. m. w. Nachw.). So hindert auch ein privates Interesse

des Eigentümers des begünstigten Grundstücks, etwa aus einem zivilrechtlichen Rechtsverhältnis zu dem Eigentümer des belasteten Grundstücks, nicht den Verzicht auf die Baulast (OVG NW, Urt. v. 17.11.1986, BauR 1987, 550). Durch den Verzicht dürfen **keine baurechtswidrigen Verhältnisse** geschaffen werden (OVG NW, Urt. v. 30.11.1989, BRS 49 Nr. 130). Die Baulast muss solange bestehen bleiben, wie ein öffentliches Interesse hieran besteht (OVG Lüneburg, Urt. v. 21.1.1999, BauR 1999, 894; OGV NW, Urt. v. 9.5.1995, BRS 57 Nr. 204). Das öffentliche Interesse am Fortbestand der Baulast hängt davon ab, wie weit sie, die einmal Voraussetzung für die baurechtliche Zulässigkeit eines Vorhabens war, für das (genehmigte) Vorhaben oder die (genehmigte) Maßnahme noch von Bedeutung ist (Hamb. OVG, Urt. v. 12.11.1992, BRS 54 Nr. 160).

125 **Die Bauaufsichtsbehörde muss den Verzicht erklären**, wenn ein öffentliches Interesse an der Baulast nicht mehr besteht (**Satz 2**). Dies ist dann der Fall, wenn die bauaufsichtlichen Belange nicht mehr sicherungsbedürftig oder sicherungsfähig sind (OVG Lüneburg, Urt. v. 28.2.1983, BRS 40 Nr. 179, Urt. v. 12.9.1997, BRS 59 Nr. 192), z. B. weil

- von der Baugenehmigung, für die die Baulast Voraussetzung war, dauerhaft kein Gebrauch mehr gemacht werden soll (Hamb. OVG, Urt. v. 12.11.1992, a. a. O.),
- der Gesetzgeber die Einhaltung der durch Baulast gesicherten Regelung generell nicht mehr gebietet (VGH BW, Beschl. v. 9.2.1994, BRS 56 Nr. 125),
- die tatsächlichen Verhältnisse, die baulastauslösend waren, sich dergestalt geändert haben, dass der Sicherungszweck entfallen ist (OVG Lüneburg, Urt. v. 28.2.1983, a. a. O.),
- das aufgrund der Baulast genehmigte Vorhaben bei richtiger Betrachtung jedenfalls jetzt auch ohne Baulast zulässig wäre (Hamb. OVG, Urt. v. 12.11.1992, a. a. O.).

126 Solange eine erteilte Baugenehmigung Bestand hat, hängt das öffentliche Interesse am Fortbestand der Baulast nicht davon ab, ob das aufgrund ihrer Begründung genehmigte Vorhaben materiell baurechtmäßig ist oder nicht hätte genehmigt werden dürfen. Das öffentliche Interesse besteht fort, wenn die erteilte und bestandskräftige Baugenehmigung in ihrer Ausnutzbarkeit vom Fortbestand der Baulast abhängig ist (Hamb. OVG, Urt. v. 12.11.1992, a. a. O.).

127 Besteht an der Baulast kein öffentliches Interesse mehr, hat der Baulastverpflichtete gegenüber der Bauaufsichtsbehörde einen **Rechtsanspruch auf den Verzicht** (BGH, Urt. v. 7.10.1994, NJW 1995, 53 (55)).
Aus dem in **Satz 3** ausdrücklich normierten **Anhörungsrecht** folgt im Umkehrschluss, dass ein darüber hinausgehendes Abwehrrecht dem von der Baulast Begünstigten nicht zusteht (Hess. VGH Beschl. v. 4.6.1992, a. a. O.). Wer einen Antrag auf Verzicht gestellt hat, braucht nicht mehr gehört zu werden (vgl. Nr. 75.3 HE-HBO).

128 Nach **Satz 4 erster Teilsatz** wird der **Verzicht** erst **wirksam** mit der **Löschung** der Baulast im Baulastenverzeichnis (vgl. Nr. 75.4). Die Löschung stellt einen **Verwaltungsakt** dar; das gilt auch dann, wenn sie wegen der Unwirksamkeit der Baulast keine konstitutive Wirkung hat (OVG NW, Urt. v. 9.5.1995, BRS 57

Nr. 204 m. w. Nachw., Urt. v. 18.7.1995, BRS 57 Nr. 205 m. w. Nachw.). Einen **Anspruch auf Löschung** hat derjenige, der nach Satz 2 den Verzicht auf die Baulast fordern kann. Ist das Baulastenverzeichnis unrichtig, hat auch derjenige, der durch die zur Unrichtigkeit führende Eintragung in seinen Rechten verletzt ist, einen Anspruch darauf, dass die Eintragung gelöscht wird (OVG NW, Urt. v. 22.9.1987, BRS 48 Nr. 148).

Das **Baulastenverzeichnis ist u. a. unrichtig**, wenn und soweit darin eine Bau- 129
last eingetragen ist, die entweder nicht mehr besteht oder die von vornherein nicht wirksam entstanden ist, weil die der Eintragung einer Baulast zugrunde liegende **Verpflichtungserklärung unwirksam** ist. Der Eigentümer kann wegen des durch die Eintragung einer unwirksamen Baulast begründeten Rechtsscheins der öffentlich-rechtlichen Belastung seines Grundstücks die Unrichtigkeit des Baulastenverzeichnisses geltend machen.

Eine Baulast **entsteht u. a. nicht wirksam** 130
- wenn der Baulastübernehmer bei Abgabe der Verpflichtungserklärung zivilrechtlich nicht die erforderliche Verfügungsbefugnis besitzt (OVG NW, Urt. v. 18.7.1995, a. a. O.) bzw. in der Vertretungsmacht beschränkt ist (OVG NW zu Miteigentum, Urt. v. 9.5.1995, a. a. O.),
- gegenüber demjenigen, zu dessen Gunsten bereits eine Auflassungsvormerkung in das Grundbuch eingetragen ist, soweit sie dessen Anspruch vereiteln oder beeinträchtigen würde (VGH BW, Urt. v. 13.7.1992, BRS 54 Nr. 162; Sächs.OVG, Beschl. v. 9.9.1994, BRS 56 Nr. 115; OVG Lüneburg, Urt. v. 12.9.1997, BRS 59 Nr. 192),
- gegenüber dem späteren Ersteigerer des Grundstücks in der Zwangsversteigerung, wenn schon vor der Bewilligung der Baulast durch den Grundstückseigentümer der Zwangsversteigerungsvermerk im Grundbuch eingetragen war (OVG NW, Urt. v. 18.7.1995, a. a. O.); vgl. auch Erl. zu Abs. 1 Satz 1 und 2 zur Begründung der Baulast,
- wenn sie mit einer bestehenden (wirksamen) Baulast kollidiert (VGH BW, Urt. v. 27.1.1994, ZfBR 1995, 59 – Leitsatz; hier: Überfahrtsbaulast auf einer Grundstücksfläche, die aufgrund einer Baulast als Stellplatzfläche dient).

Fehlt ein in der Verpflichtungserklärung in Bezug genommener **Liegenschafts-** 131
plan, führt dies nicht schon für sich zur Formunwirksamkeit der Erklärung; eine im Übrigen formgerecht erklärte Baulast bleibt gleichwohl wirksam, wenn der Inhalt der Verpflichtungserklärung aus sich selbst heraus, d. h. ohne dass es des Liegenschaftsplans bedürfte, vollständig und verständlich ist (OVG Lüneburg, Urt. v. 21.1.1999, BauR 1999, 894).

Im **Umlegungsverfahren** kann die Umlegungsstelle nach § 61 Abs. 1 Satz 3 132
BauGB im Einvernehmen mit der unteren Bauaufsichtsbehörde bestehende Baulasten aufheben oder ändern, aber auch neu begründen. Sie werden mit der Bekanntmachung des Umlegungsplans nach § 71 BauGB wirksam (§ 72 Abs. 1 BauGB). Das gilt sinngemäß auch für die Neuordnung und zu diesem Zweck auch Neubegründung oder Aufhebung von Baulasten nach § 80 Abs. 2 BauGB im Zuge von **vereinfachten Umlegungsverfahren** (vgl. Erl. zu § 85 Abs. 1 Satz 1 zur Begründung der Baulast).

Satz 4 zweiter Teilsatz bestimmt zur Sicherung der Aktualität des Liegenschaftskatasters, dass die Löschung der Baulast nicht nur den Beteiligten, sondern auch der das Liegenschaftskataster führenden Stelle mitzuteilen ist. Auf den Erlass betr. Baulasten und Baulastenverzeichnis; hier: Auswirkungen auf das Liegenschaftskataster wird hingewiesen.

5.3.5 Baulastenverzeichnis

133 **Abs. 4 Satz 1** schreibt die Führung eines Baulastenverzeichnisses nicht mehr nur durch die untere Bauaufsichtsbehörde vor, sondern ermöglicht, die Zuständigkeit hierfür durch Rechtsverordnung auch auf eine andere Stelle zu übertragen (vgl. auch Nr. 89.7). Eine entsprechende Rechtsverordnung liegt noch nicht vor. Dies ermöglicht künftig eine Verknüpfung und Integration von grundstücksbezogenen Fachdaten mit dem Liegenschaftskataster.

Nach **Satz 2** müssen außer Baulasten (vgl. Abs. 1 Satz 2 erster Satzteil) auch **andere baurechtliche Verpflichtungen** der Eigentumsberechtigten **zu einem das Grundstück betreffenden Tun, Dulden oder Unterlassen**, soweit an der Eintragung ein öffentliches Interesse besteht (**Nr. 1**), sowie **Bedingungen, Befristungen und Widerrufsvorbehalte** (**Nr. 2**) in das Baulastenverzeichnis eingetragen werden.

Damit soll im Laufe der Zeit eine allgemeine Unterrichtung über die öffentlichrechtlichen Lasten ermöglicht werden, gleichviel ob diese auf Vereinbarungen oder auf gesetzlichen Vorschriften oder auf Auflagen und Bedingungen im Rahmen von Baugenehmigungsverfahren beruhen.

Im Gegensatz zum Grundbuch genießt das Baulastenverzeichnis **keinen öffentlichen Glauben.**

Zur Führung des Baulastenverzeichnisses, zur Vornahme von Eintragungen, zu Schließung und Umschreibung sowie zur Einsichtnahme wird im Einzelnen auf Nr. 85 der künftigen HE-HBO Bezug genommen.

Neu eingefügt wurde die Bestimmung, dass Angaben darüber, welche Flächen von Baulasten betroffen sind, über geeignete, öffentlich verfügbare elektronische Kommunikationsmittel bereitgestellt werden können.

Stichwortverzeichnis

Die Ziffern verweisen auf die Randnummern.

Stichwortverzeichnis